# Margherita Manzelli    Le Signorine

Centro Pecci
Mousse Publishing

# Le Signorine e Margherita Manzelli
## Stefano Collicelli Cagol

Margherita Manzelli è rimasta fedele con pervicacia alla sua vocazione di pittrice dagli anni Novanta a oggi. La sua ricerca artistica si è sin da subito sviluppata anche negli ambiti delle azioni e della scrittura, due media che l'artista ha coltivato e posto in dialogo con la sua pratica pittorica. Non a caso le tre modalità operative sono consanguinee: il gesto pittorico e il corpo come soggetto dei quadri trovano risonanza nell'atto del portare la propria presenza fisica all'attenzione di chi è in mostra, nello scorrere della penna sul supporto cartaceo, nella voce che, spinta dal diaframma, attraversa le corde vocali, la gola, la bocca e risuona nella testa, nei titoli dei quadri e delle azioni. Queste tre polarità espressive sono in un costante dialogo segreto e silenzioso. La ricerca di Manzelli raramente le fa emergere all'unisono, ma tutte e tre hanno contribuito a nutrire un immaginario lucido, coerente e consistente.

Fulcro della drammatica espressiva di Manzelli in tutte le sue opere è la testa, per sua stessa ammissione. Tutto parte dall'ossessione di rappresentare l'irrappresentabile, non solo i tratti fisionomici che caratterizzano l'unicità di una persona, ma anche la sua personalità e il suo inconscio imperscrutabile. Il ritratto è uno dei grandi generi storici della pittura: attraverso di esso, si è consegnata ai posteri la memoria dell'esserci stato di una persona. L'ossessione di Manzelli per la testa si concentra però sulla reiterazione di ritratti di donne inesistenti in questa dimensione abitata. L'artista chiama a raccolta figure immaginarie che popolano le sue fantasie e chiedono di essere messe al mondo. Lo fanno a modo loro, in dimensioni mentali, in contesti creati dall'artista seguendo le illusioni del cinema, l'ossessione di un pattern geometrico, la seduzione di un motivo floreale che anima un tessuto indossato o che si vorrebbe poter indossare. Se il contesto di ciascun quadro, dal 1995 a oggi, è di volta in volta mutato, i volti delle Signorine invece si assomigliano tutti, senza essere mai identici. Da decenni, Manzelli costringe chiunque capiti di fronte a una sua tela al confronto con le sue figure, con un'encomiabile coerenza tematica. Sono soggetti femminili che stravolgono di proposito i canoni di bellezza imposti da secoli di storia dell'arte e dibattito estetico. L'artista ci invita a dimenticare i corpi dipinti in modo discinto e ubertoso, floridi nelle forme ed esposti nelle curve per solleticare le voglie maschili con l'ostentazione di misure considerate perfette, imposte dalle pubblicità e dai vari media. Questi oggetti del desiderio vengono scalzati da creature eteree che occupano da sole la scena, sorelle di un pantheon in divenire dove la donna è prima di tutto soggetto desiderante. Le Signorine di Manzelli sono sedute, ritte o distese, languide, impettite, irose, seducenti, disinteressate, rancorose, divertite, ignave, scostumate, senza età. Non hanno bisogno della presenza di qualcuno che le riconosca o dia loro il diritto di esistere. Sibilano formule magiche, sono sospese come incontri onirici in spazi domestici o astratti sempre palesemente inventati. Questi soggetti reclamano teste, quelle di chi guarda, come Salomè danzanti pronte a utilizzare qualsiasi arma per ottenere ciò che vogliono. Cercano l'attenzione di chi le scruta, ma poi sprofondano mute nello spazio in cui si trovano. Che l'elemento su cui poggiano sia una poltrona, un divano, un plinto, un muro, una roccia, un catafalco, loro sono sempre soggetti ostentati, messi in bella vista, esposti. I volti nascono da pennellate precise, da un rigore nell'utilizzo delle tempere a olio, delle lacche, delle velature che ottengono il risultato di una pittura senza tempo. Il risultato potrebbe essere anche datato a secoli passati, per la capacità di Manzelli di rendere l'incarnato vivo e presente. Le sottili venature bluastre che si percepiscono sotto l'epitelio avvicinandosi, quegli occhi vividi e lucenti sotto palpebre rugose, i capelli tirati con le scriminature tradiscono però una contezza del soggetto e un posizionamento decisamente da fine Novecento. Manzelli appartiene a una generazione artistica che è sempre stata narrata come schiacciata dalla mole ingombrante dell'eredità di due movimenti estremamente machisti nelle posture e nel modo di occupare lo spazio del sistema artistico italiano e internazionale: l'Arte Povera e la Transavanguardia. Sono due momenti inarginabili, che a livello di critica e di mercato hanno monopolizzato i discorsi e le vendite dell'arte italiana contemporanea, occupando le pagine di giornali e di riviste, le sale delle gallerie, delle collezioni private e degli spazi museali. L'Arte Povera conosce una seconda stagione di fortuna verso la metà degli anni Ottanta con la mostra *The Knot* al MoMA PS1 di New York, curata dall'animatore del movimento Germano Celant, oltre che con l'apertura del Castello di Rivoli che, sotto la guida della sua seconda direttrice Ida Gianelli, dà un forte impulso al collezionismo pubblico, anche poverista. Si trattava di un'arte nata politica, a contatto con i materiali e con un'idea ecologica di ecosistema in cui militavano creature organiche e inorganiche, rimasta però nel corso dei decenni successivi sorda e impermeabile alle nuove istanze contemporanee, alle spinte sociali delle minoranze, ai femminismi e alle varie lotte per i diritti civili. La Transavanguardia cavalcò un momento felice per la pittura nella traiettoria dell'Europa occidentale e degli Stati Uniti, riflettendo la fine delle grandi storie proposta dal modernismo e ripopolando di citazioni e intuizioni della storia dell'arte passata le proprie tele.

Sono anni di rivendicazioni sociali in Italia, che non traspaiono in nessun modo da queste due situazioni artistiche. Negli anni Settanta la legge sull'aborto e quella sul divorzio sono il risultato di una mobilitazione di massa iniziata con i gruppi di autocoscienza femministi, a cui si è poi associata l'esperienza del FUORI! (Fronte Unitario Omosessuale Rivoluzionario Italiano) e la lotta delle persone trans per ottenere visibilità, tutele e per trasformare gli assiomi della società italiana. Gli anni Ottanta e Novanta sono attraversati dalla crisi dell'HIV/AIDS, in Italia incurabile fino al 1996. Un evento che tocca i corpi, le modalità di espressione fisica, emotiva e sessuale, che genera restrizioni, traumi e coinvolge tutti, indipendentemente dall'orientamento sessuale.

Gli anni Ottanta sono anche segnati dalla crisi dell'eroina, che fa strage di giovani generando nuovi immaginari collettivi nella percezione del corpo. È l'epoca del Riflusso, della Milano da bere e del sistema del Made in Italy che decolla a livello internazionale, contribuendo a rendere sempre più canonizzata la bellezza femminile: in pochissimo tempo le top model guadagnano una visibilità mai avuta nel contesto pubblico.

Nel 1993, le Nazioni Unite adottano la Dichiarazione dell'eliminazione della violenza contro le donne con la risoluzione 48/104 del 20 dicembre. Il fenomeno su scala globale è talmente intenso e diffuso che serve una presa di posizione decisa dell'ONU. Per la prima volta, alla narrazione di molti Stati nazione che confinavano la violenza di genere alle mura domestiche, se ne contrappone una che la riconosce come un problema pubblico. Se i due principali movimenti artistici italiani sembrano muoversi lungo binari solipsistici, sono le immagini in movimento a dare voce a questo inconscio collettivo che vede la presenza del male perennemente nascosta anche nei luoghi più sicuri, come la casa o il proprio paese.

Nel 1990, a dare voce in maniera plastica alle ansie collettive di intere generazioni è la serie televisiva *Twin Peaks* di David Lynch. Per settimane, le spettatrici e gli spettatori italiani sono bombardati su Canale 5 dalla colonna sonora di Angelo Badalamenti, che accompagna le immagini di fruscianti chiome boschive a quella del corpo senza vita di Laura Palmer stretto in un telo di plastica. Chi conosce il finale della serie tv, può intuire come questo complesso di tensioni che attraversano la fine secolo (a cui si aggiunge la dissoluzione del blocco sovietico nel 1989) trovino in Lynch una voce lucida e senza compromessi.

Il regista è una delle ossessioni di Manzelli, insieme a

John Cassavetes, alla pittura, alla poesia di Patrizia Cavalli, ai tarocchi e alla preparazione del suo salame di cioccolato. La pratica di Manzelli riconosce in tutti i media in cui si esprime questo spostamento tellurico accaduto tra gli anni Ottanta e Novanta e che ha avuto proprio nel corpo della donna un'arena di battaglia. Senza abdicare alla dimensione più collettiva delle proteste femministe di piazza, Manzelli ha digerito istanze critiche nei confronti del sistema artistico italiano del tempo e ha proposto un immaginario personale e unico nel suo genere.

Il consiglio di lasciare Ravenna e Bologna per andare a far pittura a Milano all'inizio degli anni Novanta si è rivelato corretto. Dopo l'indigestione della Transavanguardia, tele e pennelli erano visti con acuto sospetto dagli operatori artistici. Solo una città florida di gallerie, con un mercato fiorente e contatti internazionali poteva fornire la giusta piattaforma a chi avesse voluto ancora cimentarsi con quel medium. Unica donna in molti gruppi di pittori che si muovono a Milano in quell'epoca, Manzelli sembra trovare la sua voce nel silenzio. Lo fa attraverso le Signorine nei suoi quadri, la dimensione più privata della scrittura e il darsi limiti e costrizioni – fisiche e psicologiche – nelle sue azioni. Evade sempre dal campo circoscritto da altri, le regole sono autoimposte, sia nella pittura che nelle azioni. Spinge al limite del sopportabile lo sforzo produttivo, non dormendo quando dipinge o sforzandosi di abitare uno spazio pubblico, sottraendosi al contempo alle sue dinamiche. Una giustizia poetica contro l'invasivo e onnipresente bullismo del patriarcato dentro e fuori le mura domestiche, dentro e fuori il sistema dell'arte, per trovare una propria via là dove sembra non esserci più spazio. In pittura, non è solo il soggetto femminile fremente – con i pugni spesso serrati, le dita affilate ma adunche, la pelle che potrebbe essere quella di una bambina o di una centenaria – ad attestare una norma-Manzelli, ma anche la costruzione spaziale del quadro. Manzelli parte dalla testa, rifinita,

con il terzo spazio bianco intorno alla pupilla, iconografia della follia, la signorina gentilmente reclinata in una postura interrogativa, a riposo, ma anche esposta. L'impianto si irradia poi attraverso una costruzione prima di tutto mentale, dove tessuti con decorazioni esistenti o immaginate, regalate a Manzelli da amiche o ereditate dalla madre – per anni impegnata in un centro antiviolenza femminile – creano uno spazio altro, differente da quello abitato da chi guarda, ma altrettanto conturbante.

Se si pensa agli spazi lynchiani, con la tenda rossa e il pavimento col pattern bianco-nero a zig-zag, tra il familiare e lo sconosciuto, si possono comprendere queste dimensioni parallele che Manzelli fa abitare alle sue creature. È lo stesso spazio dell'azione che ha voluto occupare lei nel corso della sua carriera, negandosi al ruolo sociale dell'artista impegnata a intessere relazioni con i collezionisti, i curatori e i direttori di musei, e impegnandosi piuttosto a marcare un proprio terreno di operatività.

Tra la fine degli anni Novanta e i primi anni Duemila, le sue azioni in galleria spingono al limite la resistenza del suo corpo, le impediscono di confrontarsi in normali conversazioni con il pubblico, partono dalla volontà di imporsi un ostacolo, che sia lo stare sospesa da terra, il sostenere dei disegni con un morso in bocca, il disegnare a quattro metri da terra vestita di uno strascico fissato al suo petto, l'essere inchiodata a terra o lo sfidare la forza di gravità sedendo su una sedia in orizzontale.

"Io ci sono ma non ci sono, e se ci sono stabilisco io come voi vi potete relazionare con me", sembra dire Manzelli. Questa dimensione fisica della propria presenza/assenza trova, nella mostra *Le Signorine*, la sua massima espressione nel robot chiamato Mercedes che sostituisce in toto Manzelli, sancendone la trasformazione finale in automa, capace di recitare le poesie scritte dall'artista, ma anche di inventarne di nuove attraverso l'intelligenza artificiale. Ispirata dall'eroina ambigua de *Il conte di Montecristo* di

Alexandre Dumas – sempre sospesa dal destino degli uomini amati (Dantès e il figlio) –, come tutti i robot, Mercedes ha una serie di credenze che le impongono determinate reazioni in base al comportamento del pubblico captato dai suoi sensori.

Il retro del suo volto è la riproduzione stampata in 3D del volto di una delle sfingi del Duomo di Prato. Lo stesso Duomo ha fornito ispirazione per la decorazione dello sfondo del grande trittico realizzato per la mostra. In queste tre tele separate ma contigue, una Salomè moderna siede su un plinto di legno, stringendo in mano il velenosissimo fiore della datura. Sul pannello di destra un colibrì sospeso, su quello di sinistra – per la prima volta nella sua pittura – una testa solitaria, chiaro omaggio a Constantin Brâncusi, ma anche al Giovanni Battista, la cui testa è rappresentata anche nell'affresco di Filippo Lippi della *Danza di Salomè* (1452-1465) che Manzelli ha potuto ammirare a Prato. La datura è un fiore che ritorna in molte opere recenti. È un fiore velenoso, cantato da Patrizia Cavalli in una sua raccolta, che viene talvolta offerto dalle signorine agli ospiti che guardano i quadri – altre volte i loro corpi ne sono ricoperti, come se fossero amanti o cadaveri, o magari tutti e due.

Le Signorine, Olimpie contemporanee emerse da secoli di lotta, tensioni e prevaricazioni, sono sfacciate nell'augurarci un mondo identico a quello che tante donne si trovano a vivere. La pittura che cola, nei tessuti, nella pelle, negli acquerelli dei volti che si sfanno, è una testimonianza diretta di un mondo che, ormai cinque anni fa, nel 2020, si è trovato catapultato in una pandemia, in un trauma che ha riportato al centro la complessità del corpo, frantumando un intero sistema sanitario, gestionale e soprattutto sociale. Rimangono i cocci e a raccoglierli arrivano le Signorine, ricordandoci che nulla è nuovo e tutto è già accaduto. Dallo spazio sospeso e astratto di Manzelli ci guardano allibite: come ci siamo fatti cogliere impreparati?

# The *Signorine* and Margherita Manzelli
## Stefano Collicelli Cagol

Margherita Manzelli has remained stubbornly faithful to her calling as a painter since the 1990s. Her creative investigation also immediately stretched into the realm of actions and writing, two media that the artist cultivated and brought into dialogue with her painting practice. Not coincidentally, these modes of work are interrelated: the act of painting and the body as a subject in pictures resonates with the act of bringing one's physical presence to the attention of exhibition visitors; with the flow of the pen over paper, with the voice that, propelled by the diaphragm, moves through the vocal cords, throat, mouth, and reverberates in the head, in the titles of the paintings and actions. These three poles of expression carry on a constant, secret conversation with each other. Manzelli's practice rarely makes them emerge in unison, but all three have fed into a lucid, coherent, and consistent imaginary.

The fulcrum of dramatic expression in all of Manzelli's works is the head, as she herself admits. Everything begins with her obsession with depicting the undepictable, not only the physical features that make an individual unique, but their personality and inscrutable subconscious mind. Portraiture is one of the great historical painting genres: through it, the memory of a person's existence is preserved for posterity. Manzelli obsession with the head is focused, however, on the repeated portrayal of women who do not exist in the dimension we inhabit. The artist musters imaginary figures who populate her fantasies and demand to be brought into the world. They do so in their own way, in mental settings, in contexts that the artist molds out of the illusions of cinema, the spell of a geometric pattern, the seductive charm of a floral motif dancing across a fabric one has worn or would love to wear. While the background has changed every time, from 1995 up to the present, the faces of these *Signorine* all resemble each other, without ever being identical. For decades, Manzelli has forced anyone who comes across her paintings into an encounter with these figures, showing a laudable thematic consistency. They are female subjects who intentionally upend the canons of beauty imposed by centuries of art history and aesthetic debate. Here, we can forget about all of those half-clothed, fecund-looking bodies, their florid forms and exposed curves painted so as to provoke male desire, flaunting whatever theoretically perfect measurements are imposed by advertising and the media. Such objects of desire have been pushed aside by ethereal creatures who claim the entire scene for themselves, sisters in an evolving pantheon where woman is above all a desiring subject. Manzelli's young ladies may be sitting, standing, stretched out, languid, stiff, angry, seductive, indifferent, rancorous, amused, naive, brazen, ageless. They have no need for anyone to be there to acknowledge them or grant them the right to exist. They whisper magic formulas; they hover as dreamlike encounters in domestic or abstract spaces that are always clearly the fruit of invention. These subjects demand heads, the heads of their viewers, like dancing Salomés prepared to use any weapon on hand to get what they want. They seek the beholder's attention, but then fall back, silent, into whatever space they happen to be in. Whether they rest on an armchair, sofa, plinth, wall, rock, or catafalque, they are always subjects on display, laid out for view, exposed. Their faces have grown out of precise brushstrokes, a rigorous use of oil paints, varnishes, glazes, that achieve the effect of timeless painting. The result looks like it could be from centuries ago, given Manzelli's skill in making their flesh seem alive and present. The subtle bluish veins one can make out beneath their skin upon close inspection, the vivid, gleaming eyes under wrinkled eyelids, the pulled-back, parted hairdos, nonetheless betray an awareness and positioning of the subject that are definitely from the late twentieth century. Manzelli belongs to a generation of artists that has always been described as staggering under the cumbersome legacy of two movements known for their machismo and for the space they took up in the Italian and international art world: Arte Povera and the Transavantgarde. These were currents impossible to contain, which monopolized criticism and the market, the discussion and sale of contemporary Italian art, filling the pages of newspapers and journals and the rooms of galleries, private collections, and museums. Arte Povera enjoyed a second wave of popularity in the mid-1980s with the exhibition *The Knot* at MoMA PS1 in New York, curated by its standard-bearer Germano Celant, and with the opening of the Castello di Rivoli, which—under the leadership of its second director, Ida Gianelli—gave a major boost to public acquisitions that included work from the movement.

This art was political from day one, closely tied to its materials and to the idea of an ecosystem shaped by both organic and inorganic creatures. In later decades, however, it remained oblivious and impervious to new contemporary concerns, to the pressing demands of minorities, to the various feminist movements, and to the struggles for civil rights. The Transavantgarde rode the wave of a favorable moment for painting in Western Europe and the United States, responding to modernism's suggestion that the time of grand narratives was over, and repeopling its canvases with citations and insights from art history.

These were years of social upheavals in Italy that seem to have left no trace in either of these two artistic contexts. In the 1970s, the legalization of abortion and divorce was achieved through a mass mobilization that began with feminist conscious-raising groups. The same decade then witnessed the foundation of FUORI! (Italian Revolutionary Homosexual Unified Front) and the struggle of trans people to achieve visibility and safeguards, and to transform the entrenched assumptions of Italian society. The 1980s and 1990s were rocked by the HIV/AIDS crisis, with no effective treatment available in the country until 1996. It was an event that affected people's bodies and their modes of physical, emotional, and sexual expression, that spawned restrictions and trauma, and touched everyone, whatever their sexual orientation.

The 1980s also brought a heroin epidemic to Italy that decimated the younger generation and added new images to the collective vision of the body. This was the era of a return to the private sphere, of Milan's debut as a nightlife capital, and of Italy's launch as an international "brand," which all contributed to the canonization of female beauty; in short order, top models gained a completely new level of public visibility.

In 1993, with resolution 48/104 of December 20, the United Nations adopted the Declaration on the Elimination of Violence against Women. This phenomenon was so intense and widespread around the globe that it seemed to demand a clear statement from the UN. For the first time, the narrative in many nations where gender violence was considered a private concern was countered by the acknowledgement that it was a public problem. And while the two main art movements in Italy seemed to be heading down the path of solipsism, it was in moving images that one could find an expression of the collective subconscious, its awareness that evil always lurked even in the safest places, like one's own home or country.

In 1990, the shared anxieties of entire generations took on concrete form in David Lynch's television series *Twin Peaks*. For weeks, Italian viewers of Canale 5 were bombarded with the soundtrack Angelo Badalamenti had composed to accompany images of rustling forest canopies, alongside those of Laura Palmer's lifeless body wrapped in plastic. Anyone who knows how the series ends can easily see how the series of tensions that flowed through the century's last decade (amplified by the dissolution of the Soviet Bloc in 1989) found a lucid, uncompromising voice in Lynch's work.

This director is one of Manzelli's obsessions, along with John Cassavetes, painting, Patrizia Cavalli's poetry, tarot cards, and making *salame di cioccolato*. In every medium she employs, Manzelli's practice registers the seismic shift that occurred between the 1980s and '90s, with its fault line running straight through the female body. Without forgoing the more collective dimension of public feminist protest, Manzelli assimilated critical attitudes toward the Italian art system of the era and responded with a personal imaginary that was truly one of a kind.

When she was told in the early 1990s that she ought to leave Ravenna and Bologna and move to Milan to paint, this advice turned out to be spot-on. After the indigestion caused by the Transavantgarde, canvases and brushes were viewed with great suspicion in artistic circles. Only a city that was full of galleries, with a flourishing market and all kinds of international ties, could offer the right platform for those who still wanted to experiment in the medium. As the only woman in many of the groups of painters active in Milan at the time, Manzelli seemed to find her voice in silence. She did this through the *Signorine* in her paintings, in the more private sphere of writing, and by giving herself boundaries and constraints—physical and psychological—in her actions. She has always broken out of the field circumscribed by others, and for both her actions and her paintings, the rules are self-imposed. She takes the effort of creation to the limits of the bearable, forgoing sleep when she paints, or forcing herself to inhabit a public space while staying outside its dynamics. It is a form of poetic justice, given the invasive, omnipresent bullying of the patriarchy inside and outside the home, inside and outside the art system; a way of finding her own path where there no longer seems to be room. In her paintings, it is not just the trembling female subjects—fists often clenched, fingers slender but crooked, skin that could belong to a little girl or to a hundred-year-old woman—that follow a Manzellian code of law, but the spatial construction of the picture. She starts with the head, meticulously detailed and with a third white space visible below the pupil, a traditional symbol of madness; then comes the young lady's body, gracefully reclined in a pose that seems interrogative, resting, but also exposed. The structure of the painting then radiates out through what is first and foremost a mental process, in which fabrics with real or imagined patterns, gifted to Manzelli by friends or inherited from her mother—who worked for years at a women's shelter—create a separate sphere, different from the one inhabited by the viewer, but just as perturbing.

And thinking back to Lynch's spaces, that red curtain and black-and-white zigzag floor, halfway between the familiar and the unknown, one can better understand the parallel dimensions that Manzelli has her creatures inhabit. It is the same realm she has tried to occupy over the course of her career, eschewing the social role of an artist caught up in cultivating relationships with collectors, curators, and museum directors, and working instead to carve out her own realm of operation.

Between the late 1990s and early 2000s, her gallery actions pushed her physical endurance to the very edge. They prevented her from engaging in normal conversations with visitors, and were built around the wish to impose some restriction upon herself, whether it was being suspended in the air, holding up drawings with a bit clenched in her teeth, drawing while four meters off the ground and enveloped in a dress with a long train, being nailed to the floor, or defying gravity by sitting on a horizontal chair.

"I'm there but I'm not, and if I'm there, I'm the one deciding how you can interact with me," Manzelli seems to be saying. This physical aspect of her presence/absence, in the exhibition *Le Signorine*, culminates in the robot "Mercedes," which has completely taken Manzelli's place. It marks her final transformation into an automaton, capable of reciting the artist's poems, but also of inventing new ones through AI. Inspired by the ambiguous heroine of Alexandre Dumas's *The Count of Monte Cristo*—eternally held in limbo by the fate of the men she loves (Dantès and her son)—Mercedes, like all robots, obeys a series of principles (defined in robotics as *Belief Systems*) that oblige her to react in certain ways, depending on the visitor behavior picked up by her sensors.

The back of her face is a 3D print of the features of one of the sphinxes on Prato's cathedral. The same cathedral also inspired the motif in the background of the large triptych made for the exhibition. In these three separate but contiguous canvases, a modern-day Salomé sits on a wooden plinth, gripping a highly toxic datura flower. On the right-hand panel is a hovering hummingbird, and on the left—for the first time in the artist's work—a solitary head, a clear nod to Constantin Brâncuşi, but also to John the Baptist, whose head also appears in the Filippo Lippi fresco of the *Dance of Salomé* (1452–1465) that Manzelli had the opportunity to see in Prato. The datura is a flower that crops up in many of her recent works. It is a poisonous flower, one that Patrizia Cavalli writes about her poetry, and which the *Signorine* sometimes offer to the guests looking at their pictures—at other times, their bodies are covered in them, as if they were lovers or corpses or maybe both.

These young ladies, contemporary Olympias who have emerged from centuries of struggle, strain, and exploitation, seem to brashly wish us a world just like the one that many women find themselves living in. The dripping paint, in the fabrics, the skin, in the watercolors of melting faces, directly bears witness to a world that five years ago, in 2020, found itself catapulted into a pandemic: a trauma that brought the body's complexity back to the center of attention, shattering an entire medical, administrative, and, above all, social system. What's left are the shards, and these young ladies have come along to pick them up, reminding us that nothing is new and everything has happened before. Out of Manzelli's suspended, abstract space, they stare at us in amazement: how on earth were we caught unprepared?

# La vita felice. La difesa dell'opacità
Giorgina Bertolino

"Io non dividerò mai la tua solitudine, perché già esiste
la mia, molto più antica, ben più duratura."
—Ingeborg Bachmann, "Ondina se ne va", 1961[1]

*Corpo in figure*
Alla fine Ondina se ne è andata. Creatura anfibia, d'acqua,
di laghi, foreste e cascate, Ingeborg Bachmann le ha pre-
stato le parole per congedarsi da un'esistenza di leggenda,
dandole la forza e la voce per infrangere lo spartito fisso
e ripetitivo del mito. Che importa se il rifiuto di innamorar-
si e andare in sposa signifchi condannarsi a rimanere
senz'anima. Per sempre. Anche una creatura d'invenzione
può rivendicare la propria singolarità, la separatezza,
il diritto alla solitudine. Una solitudine "molto più antica,
ben più duratura" della nostra.

Penso di aver scelto come incipit la frase di Bachmann,
perché le parole che fa pronunciare a Ondina sono fra
le poche che riesco a fingermi di udire dalla bocca delle Signorine di Margherita Manzelli. Ma la voce, il filo di voce,
è solo mio. Le Signorine non parlano. Sono fatte di pittura. Sono fantasie riconducibili a chi le ha messe al mondo,
sulla tela, imparentate con le sostanze inorganiche su cui
ora stiamo provando a esercitare nuove forme di sensibilità.
Anche la pittura ha una propria sensitività, una facoltà
discorsiva seppure non verbale. Non basta fermarsi a guardare. A parlare. Occorre la disponibilità a *figurarsi*.
Prendere addosso le posture, le espressioni, i ritmi e le su-
perfici delle cose dipinte. Sul corpo, in pensiero.

Ondina di Bachmann è un corpo in figura, uno di quelli
che Adriana Cavarero ha convocato nel volume *Corpo in
figure. Filosofia e politica della corporeità*, una "specie di narrazione filosofica che si diletta nel rileggere le politiche
vicende del corpo attraverso la complice seduttività di alcune figure letterarie di immensa fortuna"[2]. Antigone,
Amleto, Leviatano, Ofelia, Ondina. Il libro esce nel 1995,
quando Manzelli ha da poco iniziato a esporre, proprio

mentre il tema del corpo sta guadagnando nuova centralità
anche nel discorso teorico dell'arte contemporanea, con
il suo catalogo e le sue famiglie di opere.

Figura è la parola che sento più appropriata per i suoi
soggetti. Figura "sostanziata dal suo essere creatura di
una storia di immaginario", come scrive Cavarero[3]. Parola
un po' inerte – ma credo, qui, più esatta di immagine –,
può ancora servire, a patto di mantenerla a corretta distanza dai canoni della storia dell'arte e dalla tradizione pittorica del Novecento, così densamente popolato di figure.
L'artista non le ha incluse tra le proprie fonti, preferendo
all'iconografia della pittura, il cinema, la musica, la letteratura. I suoi dipinti, avverte, non sono ritratti. Non sono
autoritratti. "I've developed a strange way of making portraits of non-existent people. I invent a person", ha spiega-
to[4]. In *Storie di figure e di immagini. Da Boccioni a Licini*,
Paolo Fossati proponeva l'utile distinzione tra ritratto di
persona e ritratto di figura[5]. Le Signorine sono ritratti
di figura, figure prive di una referenza nella realtà, senza
fonti, modelle, pose, fotografie. Sono generate nella testa
dell'artista. Nel tempo, hanno guadagnato un'esistenza
figurale, una specie-di-vita con cui l'artista intrattiene una
relazione profonda, in una convivenza improntata alla
cautela poiché, come racconta, le Signorine, benché assidue,
sono e restano estranee e inconoscibili: "I really have no
idea who they are or where they come from"[6]. Forestiere e
silenziose, sono quasi certa che se parlassero (ma non lo
fanno), parlerebbero un'altra lingua. I dipinti di Manzelli
assomigliano ai quadri taciturni di "Pictures and Portraits",
un racconto di Virginia Woolf che inizia su un marciapiede
di Londra, nel breve tratto che separa la National Gallery
dalla National Portrait Gallery. La scrittura comincia dal
rumore, dalla marea di suoni prodotti dalla città, poi si entra nelle sale silenziose ma non si sa bene in quale dei due
musei. Dipinti, ritratti.

"Dopo il turbamento e lo sbigottimento iniziale, coloro

che sono abituati a usare le parole individuano i quadri che ne contengono il minor numero – tele taciturne e fredde come smeraldi e acquemarine [...]. Immergiamo gli occhi nel colore; tuffiamoci fino a che mari profondi non si richiudano sulle nostre teste. [...] dopo uno sguardo muto e prolungato, la stessa pittura sulla tela comincia a distillare parole – non parole di scrittore, bensì parole indolenti, gocce lente che se potessero macchierebbero la pagina di colore."[7]

La ragazza della grande tela *Programma, Disciplina, Maestro (t.m.h.S.)*, dipinta da Margherita Manzelli nel 2000, siede asciutta sott'acqua, in una porzione di verde da cui si staccano piccoli pesci neri. Il verde si schiarisce al centro, in una fascia luminosa che poi sfuma di nuovo in una liquida ombra scura, abitata da pesci multicolori. Un mare profondo, un abisso orizzontale. La figura, con il corpo di profilo, finito all'altezza delle ginocchia, rivolge viso e occhi verso noi che la guardiamo. Potrebbe essere un'ondina.

*Il vascello fantasma*
Il primo atto eloquente del lavoro in pubblico di Margherita Manzelli è la personale del 1993 nello Spazio Viafarini a Milano. Con il titolo *Il vascello fantasma*, l'artista ha ricavato da un immaginario narrativo l'invito a un'andatura. Il vascello scivola tra i flutti senza meta. Appesi a fili trasparenti, venticinque piccoli dipinti pendono dal soffitto e trasformano lo spazio in una forma fluttuante. Separata dalla parete, la pittura assume il formato dell'installazione, con la quale l'artista reinterpreta la sintassi degli *scatter pieces*, spostando i pezzi sparsi dai pavimenti e dagli spigoli dell'arte degli anni Settanta, al volume della stanza. A mezz'aria. La dimensione aerea, fluida e irregolare dell'installazione consegna a chi entra la possibilità di un incedere divagante. Con una mossa improntata alla leggerezza, Manzelli spezza la camminata sul perimetro che normalmente compiano per guardare la pittura, offrendo una

serie di variazioni sulla frontalità dello sguardo, forzandolo e rimescolandolo alla fisicità.

Sospesi a diverse altezze da terra, i quadri possono essere visti mentre oscillano o essere toccati, afferrati. Letti, perché portano in superficie, sul loro margine inferiore, frasi, scampoli di versi. "Se solo mi vedessi", "Sorride dal basso fin dove è arrivata", "Mi senti, mi senti?"[8]. Le frasi, slegate dal contenuto dei dipinti, compongono un testo poetico cangiante, reso aleatorio e asimmetrico dal passo e dalla lettura individuale. I dipinti di *Vascello fantasma*, scrive Francesca Pasini nella recensione su *Artforum*, "give an account of the wavering path that guides the search for identity, taking on the aspect of a text one might leaf through, and at the same time they trace a world in which each person moves, enters, exists"[9]. I soggetti femminili confermano il tenore del lavoro: "Manzelli places women at the center of her paintings, thus exhibiting her own female identity while building a space that can be passed through. For her painting becomes a shell for identity"[10]. Conchiglie, gusci.

Lo spazio di Viafarini in questi anni è ruvido e grezzo; le pareti screpolate, il pavimento pieno di macchie. È un luogo che non impone una formalità espositiva, assecondando le esperienze di una generazione che comincia ora a sporgersi tra pareti e sistema. Dai primi anni Novanta, mostra dopo mostra, apre un terreno dialettico, una sequenza di reazioni a catena, innescate dal guardarsi e studiarsi degli artisti e le artiste, a vicenda. *Il vascello fantasma* succede a *Maelstrom* di Alessandro Pessoli del 1992, un vortice di disegni ordinati in griglia che Manzelli stessa ha aiutato ad allestire a parete, come documenta una fotografia di Armin Linke; anticipa le personali del 1994 di Antonella Ortelli e Carla Vendrami, di Enzo Umbaca, Salvatore Falci, di Nada Cingolani e Diego Perrone nel 1995[11].

In questo periodo, l'artista stringe una relazione stretta, necessaria, con la pittura ma senza preclusioni sull'utilizzo

di altri media, secondo un approccio che Emanuela
De Cecco, in un saggio del 2000, raccoglierà sotto il titolo
"Indisciplina", riconoscendola soprattutto nelle artiste
donne[12].

Nel 1993, Margherita Manzelli è tra le "artiste del palazzo" di viale Bligny 42, a Milano, dove ha sede la Galleria
Emi Fontana. Le *Artiste del palazzo* è un lavoro di Federica
Thiene, un citofono in strada, con i codici corrispondenti
a dodici artiste; la mostra, curata da Francesca Pasini, si
intitola *Peccato di novità*, dalla formula di un testo dottrinale cinquecentesco, utilizzata per sanzionare le iconografie
disobbedienti, le fantasticherie. In questa "mostra di sole
donne", Pasini incornicia la visibilità del "nuovo soggetto"
nel campo dell'arte, riannoda i fili con le teorie del femminismo degli anni Settanta, consegnandole alla "libera
elaborazione" delle artiste[13]. Alla vigilia della terza ondata
e del femminismo intersezionale, *Peccato di novità* risuona
– anche se a basso volume – con il grido "Le ragazze tutte
avanti!" con cui iniziano i concerti punk delle Riot grrrl.
All'invito alla collettiva, dove "ogni opera non è presentata
come un oggetto impenetrabile e solitario ma come tramite per avverare la relazione"[14], Manzelli risponde con un
oggetto sonoro, un dispositivo d'ascolto. Agganciata alla
parete, una parrucca di capelli veri, con le cuffiette all'interno, permette di ascoltare i suoni che attraversano la
galleria, catturati da un microfono direzionale. Conversazioni, rumori, silenzi. A mezz'aria. *Incapace*, questo il titolo, è un'opera intermittente del 1993; una spoglia che può
diventare corpo, una voce, una coralità; "è permeabile,
è disponibile. È una trama larga", come annota l'artista nel
progetto in catalogo. L'opera-involucro è anche una delega discreta al proprio esserci, in mezzo ai pensieri, alle
opere, alle altre. Renée Green, Abigail Lane, Eva Marisaldi,
Liliana Moro, Cosima von Bonin[15].

*Il corpo della pittura*
Nella tensione tra titolo e funzione, *Incapace* mette in vista
l'esitazione tra il partecipare e il ritrarsi. A suo modo, è il
capostipite degli armamentari che di qui in poi Margherita
Manzelli costruirà e indosserà per entrare nello spazio
delle mostre, accanto ai propri dipinti, insieme alle proprie
figure, come a rinviarne il distacco. Ognuno dei diversi
apparati è stato pensato per compiere un'azione, riempire
una stanza di presenza e di tempo. Un mese intero, una
settimana, una sera sola. *Il calmo fiume nero* per la personale allo Studio Guenzani nel 1994; l'anno dopo, *Il fondo
del mare-vulcano* allo Spazio umano; *La vita felice* agli opening di *Fatto in Italia*, nel 1997, al Centre d'Art Contemporain di Ginevra e poi all'ICA di Londra. Alcune azioni sono
nascoste, altre saturano lo spazio con una visione potente,
sontuosa, altre risultano quasi impercettibili. Tutte hanno il
carattere dell'insediamento temporaneo, secondo una modalità inaugurata in Italia da *Scatola di montaggio*
di Eva Marisaldi, del 1991. Il corpo dell'artista, chiuso
nell'opera e unito a essa, si fa voce, discorso, affetto, intrattenendo una relazione con il luogo e chi lo visita. Diversamente dalle tradizioni della performance, l'accento si sposta
ora dall'esibizione alla presenza, dal tempo alla durata,
da una scena a una presa di posizione. Mi interessano le
posizioni, le misure. Con i suoi apparati ortopedici auto costruiti (una scala sotto un gigantesco vestito, un morso
di gomma, un busto di ferro, calamite, lacci, cinture), Manzelli incarna e declina un ventaglio di posizioni con cui si
sposta altrove. In un'altra stanza. In alto, a quattro metri o
a pochi centimetri da terra. Dislocamenti e posizionalità.
Per inciso, sono gli anni in cui si leggono *Soggetti eccentrici*
(1999) di Teresa de Lauretis e *Soggetto nomade* (1995) di
Rosi Braidotti, libri nei quali quei soggetti, dedotti da pratiche sociali e politiche, fanno e producono teorie.

L'artista dissimula con grazia lo sforzo compiuto per
staccarsi da terra e apparentarsi alle figure che va dipingendo

sulla tela. Le azioni dicono della fatica (di dipingere, di sostenere il peso del proprio lavoro, di presenziare a un'inaugurazione) ma appartengono a una storia di immaginario. In carne e ossa, corpo in figure. Al di là, sulla superficie della tela, è più facile guadagnare un'altezza, un bilico, una vertigine. Una contrattura. Il grande formato offre l'ingresso in una scala abitabile. Manzelli inizia dalla testa, da un volto che si è manifestato in pensiero per poi inventarne lentamente il corpo, progettandone in dettaglio la posa, la vestizione, la pettinatura. L'apparizione e la paziente messa a fuoco sono l'esito di una frizione tra chiarezza e opacità, un nesso stretto, una dimensione da preservare. *La vita felice – la difesa dell'opacità*, 1997. Corpo in pittura.

"Il corpo della pittura" è il titolo dell'intervista di Helena Kontova, apparsa su *Flash Art*, nel numero di ottobre-novembre 1999. La ragazzina di *Senza titolo (per sempre)* (1999) appare sulla copertina della rivista, i capelli ispidi, la camicetta leggera. L'intervista si apre con una domanda sul senso del dipingere. "Lo stesso senso che può avere fare video e installazioni", risponde Manzelli[16]. Dopo un decennio di quasi completo esilio della pittura, si fa il punto. Fine secolo, fine del 1999. L'artista ha appena esposto in *Examining Pictures*, prima alla Whitechapel Gallery di Londra, poi al Museum of Contemporary Art Chicago. Un estratto del saggio di Francesco Bonami e Judith Nesbitt – che hanno curato la mostra e il catalogo – è pubblicato sullo stesso numero di *Flash Art*, illustrato, tra gli altri, da dipinti di Glenn Brown, Simone Berti, John Currin, Laura Owens, Peter Doig, Toba Khedoori e da *Stilnox* (1998) di Margherita Manzelli[17]. Nella conversazione con Kontova, racconta della propria avversione e reazione al "machismo della Transavanguardia" (dipingere dopo, in Italia, "costituiva una sorta di perversione"); confida di temere nei suoi quadri l'eccesso di realismo, di eroderlo con "habitat" ibridi, solcati di segni, di pattern, di "qualcosa che magari è semplicemente pensiero"[18]. Le sue strategie, singolari e sapienti, nascono sullo sfondo del *ritorno del reale*, tra le "immagini-schermo" che, sulla scia dell'iperrealismo in pittura e dell'appropriazionismo in fotografia, disturbano lo sguardo, generano ansia, trauma e illusione, come ha sottolineato Hal Foster in un celebre saggio del 1996[19].

Manzelli stigmatizza il "diffuso atteggiamento difensivo" che vuole ripristinare come un "territorio da proteggere"[20]. È fra quelle pittrici che, secondo Gianni Romano, adottano la pittura "come se fosse anch'essa un nuovo strumento mediale", pittrici capaci di "reinventare" la pittura stessa[21].

1 Ingeborg Bachmann, "Ondina se ne va", in *Il trentesimo anno* (1961), Adelphi, Milano 1990, p. 191.

2 Adriana Cavarero, *Corpo in figure. Filosofia e politica della corporeità*, Feltrinelli, Milano 1995, p. 11.

3 Ivi, p. 230.

4 Amie Corry, "Margherita Manzelli interview – 'I developed a way of denying being a complete painter'", *Studio International*, 25 gennaio 2025, disponibile online: https://www.studiointernational.com/index.php/margherita-manzelli-interview-i-developed-a-way- of-denying-being-a-complete-painter. ["Ho sviluppato uno strano modo di realizzare ritratti di persone che inesistenti. Invento una persona".]

5 Paolo Fossati, *Storie di figure e di immagini. Da Boccioni a Licini*, Einaudi, Torino 1995, p. 170.

6 Corry, "Margherita Manzelli interview". ["Non ho davvero idea di chi siano o da dove vengano".]

7 Virginia Woolf, "Dipinti e ritratti" (1920), in *Immagini. Pictures*, traduzione e a cura di Flora de Giovanni, Liguori Editore, Napoli 2002, p. 57.

8 Le venticinque frasi poetiche, scritte dall'artista, sono elencate nell'invito della mostra. Ora in *Souvenir d'Italie. A Nonprofit Art Story*, a cura di Patrizia Brusarosco e Milovan Farronato, Mousse Publishing, Milano 2010, p. 52.

9 Francesca Pasini, "Margherita Manzelli", *Artforum*, n. 6, febbraio 1994. ["danno testimonianza del percorso tortuoso che guida la ricerca dell'identità, assumendo l'aspetto di un testo che qualcuno potrebbe sfogliare, e allo stesso tempo tracciano un mondo in cui ciascuno si muove, entra, esiste".]

10 Ivi. ["Manzelli pone le donne al centro dei suoi dipinti, esibendo così la sua stessa identità femminile mentre costruisce uno spazio che può essere attraversato. Per lei, la pittura diventa un guscio per l'identità".]

11 La fotografia di Armin Linke e la documentazione delle mostre citate, in Brusarosco, Farronato, *Souvenir d'Italie*, s.p. e pp. 53-57.

12 Emanuela De Cecco, "Trame: per una mappa transitoria dell'arte italiana femminile degli anni Novanta e dintorni", in *Contemporanee. Percorsi, lavori e poetiche delle artiste dagli anni Ottanta a oggi*, a cura di Emanuela De Cecco e Gianni Romano, costa&nolan, Ancona/Milano 2000, pp. 18-19.

13 Francesca Pasini, *Peccato di novità*, Galleria Emi Fontana, Officine grafiche Saia, Milano, s.p.

14 Ivi.

15 Insieme a loro, espongono, Paola di Bello, Nancy Dwyer, Rachel Evans, Patrizia Giambi, Laura Ruggeri, Federica Thiene.

16 Helena Kontova, "Margherita Manzelli. Il corpo della pittura", *Flash Art*, n. 218, ottobre-novembre 1999, p. 91.

17 Francesco Bonami, Judith Nesbitt, "La pittura sotto esame. Sulla necessità e l'attualità della pittura", *Flash Art*, n. 218, ottobre-novembre 1999, pp. 82-85.

18 Ivi, p. 92.

19 Hal Foster, *Il ritorno del reale. L'avanguardia alla fine del Novecento* (1996), Postmedia, Milano 2006, pp. 133-73.

20 Kontova, "Margherita Manzelli. Il corpo della pittura", p. 92.

21 Gianni Romano, "Pratiche mediali nell'arte delle donne: 1997-1999", in De Cecco, Romano, *Contemporanee*, p. 45.

# The Happy Life: The Defense of Opacity
Giorgina Bertolino

"I shall never share your loneliness, because mine
is here, from a long time ago, for a long time to come."
—Ingeborg Bachmann, "Undine Goes," 1961

*A Body in Figures*
In the end, Undine went. An amphibious creature of water, of lakes, forests, and falls, she was gifted the words, by Ingeborg Bachmann, to take leave of her existence as a legend, along with the strength and voice to break with the fixed, repetitive script of myth. Little did it matter if her refusal to fall in love and marry meant she was doomed to remain without a soul. Forever. Even a fictional creature can claim the right to individuality, separateness, loneliness. To a loneliness older than ours: "from a long time ago, for a long time to come."[1]

I think I chose this quote from Bachmann as an epigraph, because the words she has Undine utter are among the few I can imagine hearing from the lips of Margherita Manzelli's *Signorine*. But the voice, that faint voice, is mine alone. These young ladies say nothing. They are made of paint. They are fantasies attributable to the person who brought them into the world, onto canvas, and they are kin to the inorganic substances on which we are now testing out new forms of consciousness. Paint, too, has its own sensibility, a power of discourse, though it is not verbal. It is not enough just to look. To speak. One must be open to *figuring*. To being possessed by the poses, expressions, rhythms, and surfaces of the painted things. In one's body, in one's mind.

Bachmann's Undine is a body figured, like the ones that Adriana Cavarero has brought together in her study *Stately Bodies: Literature, Philosophy, and the Question of Gender*, a sort of "philosophical narrative that delights in rereading the body's political vicissitudes by looking at the complex, seductive features of several widely acclaimed literary figures":[2] Antigone, Hamlet, Leviathan, Ophelia, Undine. This book came out in 1995, just as Manzelli was embarking on her first exhibitions, and just as the theme of the body was regaining importance in contemporary art theory, with its own catalogue and families of work.

"Figure" is the word I feel is most appropriate for her subjects. A figure "materialized in a creature who is part of the history of the imaginary," as Cavarero writes.[3] A word that is somewhat inert, but I believe it is more accurate here than image; it can still serve our purpose, as long as one keeps it at a proper distance from the art-historical canons and painting tradition of the twentieth century, so densely populated with figures. This artist has not included them among her sources, preferring the iconography of film, music, and literature to that of painting. Her works, she warns, are not portraits. They are not self-portraits. "I've developed a strange way of making portraits of non-existent people. I invent a person," she explains.[4] In *Storie di figure e di immagini: Da Boccioni a Licini*, Paolo Fossati made a useful distinction between a portrait of a person and a portrait of a figure.[5] These young ladies are portraits of figures, figures without any reference to reality, without sources, models, poses, photographs. They've come out of the artist's head. Over time, they have taken on a figural existence, a quasi-life in which the artist is deeply enmeshed. It is a relationship marked by caution, because the young ladies, despite their constant visits, are and will remain unknowable strangers: "I really have no idea who they are or where they come from," she explains.[6] They are silent, foreign, and I feel almost certain that if they spoke (which they do not), they would speak another language. Manzelli's paintings resemble the taciturn ones in "Pictures and Portraits," a piece by Virginia Woolf that begins on a brief span of sidewalk between the National Gallery and the National Portrait Gallery. The story starts out amid noise, with the sea of sounds produced by the city, then moves into the silent rooms of the museum, though we don't know which one. Pictures, portraits.

"After the first shock and chill those used to deal in words seek out the pictures with the least of language about them—canvases taciturn and congealed like emerald or aquamarine

[…]. Let us wash the roofs of our eyes in colour; let us dive till the deep seas close above our heads […] after a prolonged dumb gaze, the very paint on the canvas begins to distil itself into words—sluggish, slow-dropping words that would, if they could, stain the page with colour; not writers' words."[7]

The girl in the large painting *Programma, Disciplina, Maestro (t.m.h.S.)*, from 2000, is sitting underwater, perfectly dry, in a green space where small black fish swim in silhouette. This green grows lighter at the center of the canvas, forming a band of light that fades out again into a dark, liquid shadow inhabited by multicolored fish. A deep sea, a horizontal abyss. The figure, her body seen in profile down to her knees, has her face and eyes turned towards us, her viewers. She might well be an undine.

*The ghost ship*
Manzelli's eloquent public debut was her 1993 solo show at Spazio Viafarini in Milan. Titling it *Il vascello fantasma*, the artist drew on a narrative imaginary for an invitation to set sail. The "ghost ship" glides across the waves without a destination. Twenty-five small paintings, hanging from the ceiling on invisible threads, transform the space into a floating, fluctuating form. Detached from the wall, painting takes on the format of an installation: the artist revisits the 1970s concept of scatter pieces in her own way, moving them from the floors and corners into the entire space of the room. Into the air. The aerial, fluid, irregular nature of the installation allows those who enter to wander as they please. With one light, deft move, Manzelli breaks up the path one would normally walk around the perimeter to look at the paintings; she offers a series of variations on frontal viewing, bending and remixing the gaze with a physical element.

Hung at different heights from the ground, the pictures can be looked at as they sway back and forth, or they can be touched, grabbed. They can be read, because along the bottom edge one finds phrases, snippets of poems, written on the surface.

"Se solo mi vedessi" ["If only you could see me"], "Sorride dal basso fin dove è arrivata" ["She smiles from down where she is now"], "Mi senti, mi senti?" ["Can you hear me, can you hear me?"][8] These phrases, unconnected to the content of the paintings, compose a shifting poetic text that is made random and asymmetrical by the pace and order of reading. The paintings in *Vascello fantasma*, as Francesca Pasini writes in her review for *Artforum*, "give an account of the wavering path that guides the search for identity, taking on the aspect of a text one might leaf through, and at the same time they trace a world in which each person moves, enters, exists."[9] The female subjects underscore the tone of the work: "Manzelli places women at the center of her paintings, thus exhibiting her own female identity while building a space that can be passed through. For her painting becomes a shell for identity."[10] Shells, husks.

At the time, Viafarini was a rough, unfinished space; peeling walls, floor speckled with stains. It was a place that did not impose any formal mode of exhibition, reflecting the mood of a generation that was starting to lean out from the walls of the system. In the early 1990s, show by show, a dialectical arena began to take shape, a sequence of chain reactions triggered by artists looking at and studying each other. *Il vascello fantasma* came on the heels of Alessandro Pessoli's *Maelstrom* in 1992, a whirlwind of drawings arranged in a grid that Manzelli herself helped hang, as one can see from a photograph by Armin Linke; it also seemed like a forerunner of the solo shows by Antonella Ortelli, Carla Vendrami, Enzo Umbaca, Salvatore Falci, Nada Cingolani, and Diego Perrone in 1994 and 1995.[11]

In this period, the artist formed a close and vital relationship with painting, but without excluding other media. The approach she adopted was one that Emanuela De Cecco, in an essay from 2000, would label "Indiscipline," identifying it above all as a trait of women artists.[12]

In 1993, Manzelli was one of the "artists in the building" at Viale Bligny 42 in Milan, home to Galleria Emi Fontana;

*Artiste del palazzo*, a work by Francesca Pasini, was an intercom out on the street with codes corresponding to twelve women artists. The exhibition, curated by Francesca Pasini, was titled *Peccato di novità*, a phrase from a sixteenth-century doctrinal letter censuring unorthodox iconographies, flights of fancy. In this all-female context, Pasini highlighted the visibility of the "new subject" in the field of art, reknitting ties to feminist theories of the 1970s and passing them on for "freely interpretation" by the artists.[13] On the eve of third-wave, intersectional feminism, *Peccato di novità* reverberated—at lower volume—with the cry of "Girls to the front!" that used to start off punk concerts in the Riot grrrl days. Manzelli responded to the invitation to take part in this group show, where "each work is presented not as an impenetrable, solitary object, but as a tool for bringing about interaction,"[14] with a sound object, a listening device. A real-haired wig hanging on the wall, with earphones inside, allows visitors to listen to the sounds that move through the gallery, captured by a directional mic. Conversations, noises, silences. In the air. *Incapace* (1993), as it is titled, is an intermittent work; a husk that can become a body, a voice, a chorus; "it is permeable, it is open. It is a loose knit," as the artist notes in the catalogue. This shell-like work is also a quiet delegation of power to one's own presence there, amid thoughts, amid artworks, amid others. Renée Green, Abigail Lane, Eva Marisaldi, Liliana Moro, Cosima von Bonin.[15]

*The body of painting*
In the tension between title and function, *Incapace* points to a wavering between participation and withdrawal. In its own way, it is the precursor to a series of devices that Margherita Manzelli, from this point on, would construct and wear to enter the exhibition space, alongside her works, along with her figures, as if to postpone their separation from her. Each apparatus was conceived to carry out an action, to fill a room with presence and with time. A whole month, a week, a single evening. *Il calmo fiume nero*, for her solo show at Studio Guenzani

in 1994; the year after that, *Il fondo del mare-vulcano* at Spazio umano; *La vita felice* at the openings of *Fatto in Italia*, in 1997, at the Centre d'Art Contemporain in Geneva and then at the ICA in London. Some actions are concealed, others permeate the space with a powerful, sumptuous vision, others are almost imperceptible. They are all based on a temporary occupation, a method inaugurated in Italy by Eva Marisaldi's *Scatola di montaggio* in 1991. The artist's body, enclosed by the work and united with it, becomes a voice, a discourse, an affect, forming a relationship with the place and those who come there. In contrast to various performance traditions, the emphasis here shifts from exhibition to presence, from time to duration, from scene to stance. I am interested in its positions, its dimensions. Using self-constructed orthopedic devices (a ladder underneath a giant dress, a rubber bit, a metal truss, magnets, laces, belts) Manzelli embodies and explores a range of positions with which to move elsewhere. Into a different room. Suspended above it, four meters or a few inches off the ground. Dislocation and positioning. One should note, by the way, that this was the period of Teresa de Lauretis's *Soggetti eccentrici* (1999) and Rosi Braidotti's *Soggetto nomade* (1995), books in which "eccentric" and "nomadic" subjects, deriving from social and political practices, engendered new theories.

The artist gracefully conceals the effort she has made to lift herself off the ground and become akin to the figures she keeps painting. Her actions speak of strain—the strain of painting, of bearing the weight of her own work, of being present at an opening—but they belong to a story of the imagination. In flesh and blood, a body in figures. On the other side, on the surface of the canvas, it is easier to achieve height, precarious balance, vertigo. Contracture. The large-scale format offers a way into an inhabitable dimension. Manzelli begins with the head, with a face that has formed in her mind, and then gradually invents the body, carefully devising the pose, clothing, hairdo. Its apparition and gradual definition are the result of a struggle between clarity and opacity, a tight bond, a dimension to be preserved. *La vita felice – la difesa dell'opacità*, 1997. Body in painting.

"Il corpo della pittura" (The body of painting") is the title of an interview by Helena Kontova that appeared in the October/November 1999 issue of *Flash Art*. Its cover features the young girl from *Senza titolo (per sempre)* (1999), with her spiky braids and thin blouse. The interview opens with a question about what it means to paint. "The same thing it could mean to make videos and installations," Manzelli replies.[16] After a decade in which painting was almost completely shunned, it was a moment of taking stock. At the end of the century, the end of 1999. The artist had just shown her work in *Examining Pictures*, first at Whitechapel Gallery in London, then at the Museum of Contemporary Art Chicago. An extract of an essay by Francesco Bonami and Judith Nesbitt—who curated the exhibition and edited the catalogue—appeared in the same issue of *Flash Art*, illustrated with paintings by Glenn Brown, Simone Berti, John Currin, Laura Owens, Peter Doig, and Toba Khedoori, among others, and with Margherita Manzelli's *Stilnox* (1998).[17] In Manzelli's conversation with Kontova, she talks about her aversion and reaction to the "machismo of the Transavantgarde" (after that, in Italy, painting "constituted a sort of perversion"); she confesses her fear of excessive realism in her paintings, saying that she tries to erode it with "hybrid" habitats, riddled with signs, with patterns, with "something that may be pure thought."[18] Her unique, skillful strategies grew out of the context of a *return of the real*, amid the "image-screens" that, in the wake of hyperrealism in painting and appropriation in photography, trouble the gaze, generate anxiety, trauma, and illusion, as Hal Foster pointed out in a famous essay from 1996.[19]

Manzelli criticizes the "widespread, defensive attitude" that treats painting like a "territory in need of protection."[20] She is among the women artists who, as Gianni Romano writes, have adopted painting "as if it, too, were a new tool and medium," painters with the capacity to "reinvent" painting itself.[21]

1   Ingeborg Bachmann, "Undine Goes," in *The Thirtieth Year* (1961), trans. Michael Bullock (New York and London: Holmes & Meier), 177.
2   Adriana Cavarero, *Stately Bodies: Literature, Philosophy, and the Question of Gender* (1995), trans. Robert de Lucca and Deanna Shemek (Chicago: Michigan University Press, 2002), xi.
3   Cavarero, *Stately Bodies*, 197.
4   Amie Corry, "Margherita Manzelli interview – 'I developed a way of denying being a complete painter,'" *Studio International*, January 25, 2025, https://www.studiointernational.com/index.php/margherita-manzelli-interview-i-developed-a-way-of-denying-being-a-complete-painter.
5   Paolo Fossati, *Storie di figure e di immagini: Da Boccioni a Licini* (Turin: Einaudi, 1995), 170.
6   Corry, "Margherita Manzelli interview."
7   Virginia Woolf, "Portraits and Pictures" (1920), in *The Essays of Virginia Woolf, Vol. 3: 1918–1924*, ed. Andrew McNeillie (London: Hogarth Press, 1986), 164.
8   These twenty-five poetic phrases, written by the artist, are listed on the invitation. They can now be read in *Souvenir d'Italie: A Nonprofit Art Story,* ed. Patrizia Brusarosco and Milovan Farronato (Milan: Mousse Publishing, 2010), 52.
9   Francesca Pasini, "Margherita Manzelli," *Artforum*, no. 6 (February 1994): 94.
10  Pasini, "Margherita Manzelli."
11  For the photo by Armin Linke and documentation of the shows cited here, see Brusarosco and Farronato (eds.), *Souvenir d'Italie*, unnumbered page and 53–57.
12  Emanuela De Cecco, "Trame: per una mappa transitoria dell'arte italiana femminile degli anni Novanta e dintorni," in *Contemporanee: Percorsi, lavori e poetiche delle artiste dagli anni Ottanta a oggi*, ed. Emanuela De Cecco and Gianni Romano (Ancona and Milan: costa&nolan, 2000), 18–19.
13  Francesca Pasini, *Peccato di novità*, Galleria Emi Fontana, Officine grafiche Saia, Milan, not numbered.
14  Pasini, *Peccato di novità*.
15  Paola di Bello, Nancy Dwyer, Rachel Evans, Patrizia Giambi, Laura Ruggeri, and Federica Thiene were in the exhibition alongside them.
16  Helena Kontova, "Margherita Manzelli: Il corpo della pittura," *Flash Art*, no. 218 (October/November 1999): 91.
17  Francesco Bonami and Judith Nesbitt, "La pittura sotto esame: Sulla necessità e l'attualità della pittura," *Flash Art*, no. 218 (October/November 1999): 82–85.
18  Bonami and Nesbitt, "La pittura sotto esame," 92.
19  Hal Foster, *The Return of the Real: The Avant-Garde at the End of the Century* (Cambridge, MA: MIT Press, 1996), 127–170.
20  Kontova, "Margherita Manzelli," 92.
21  Gianni Romano, "Pratiche mediali nell'arte delle donne: 1997–1999," in De Cecco and Romano (eds.), *Contemporanee*, 45.

# Sul corpo sospeso: pittura e azioni nell'opera di Margherita Manzelli
## Giulia Zompa

Una donna dai capelli scuri, avvolta in un ampio vestito nero, è seduta su una scala in una stanza in penombra. Il suo sguardo è fisso sull'ingresso. Dalle sue labbra si diramano oltre cento fili sottili che si sollevano verso l'alto, superando un corridoio. Nella luce bianca che inonda la sala fluttuano oli su carta, paesaggi rapidi ed evocativi, alcuni accompagnati da brevi pensieri scritti.

È così che, nel 1994, una giovane Margherita Manzelli si presenta per la sua mostra personale *Calmo fiume nero* presso lo Studio Guenzani di Milano. L'esposizione mette in scena una sorta di prolungamento organico tra l'artista e i suoi dipinti; è la posizione del soggetto *io* al centro dell'esperienza, dell'azione, del tempo.

Riguardando oggi questa azione[1], alla luce di oltre trent'anni di attività di Manzelli, vi si può intravedere una dichiarazione di poetica: la pittura è un riflesso del proprio essere, un processo di autorivelazione in cui la fisicità – che sia il corpo dell'artista, la tela o la loro relazione con lo spazio – diventa imprescindibile.

Al centro della ricerca di Manzelli vi è da sempre la figura femminile. Le donne che abitano i suoi dipinti non sono autoritratti, eppure presentano un'innegabile somiglianza con l'artista: sono presenze sospese in una dimensione di attesa e malinconia, portatrici di emozioni trattenute, che osservano e interrogano chi le guarda.

Il fatto che Manzelli popoli le opere di donne create a partire da sé – "Loro non esistono da nessuna parte, sono dentro la mia testa"[2] – e che queste sembrino evocare la sua immagine, suggerisce facilmente un processo di auto-indagine. Ho preso in prestito l'espressione *partire da sé*, nata all'interno della politica delle donne, non per inserire forzatamente Manzelli in una narrazione femminista non dichiarata, ma perché alcune riflessioni legate a tale pratica risultano qui assai pertinenti. *Partire da sé* significa esprimersi, prendere parola in un rapporto con il mondo che non cancelli la presenza dei corpi, l'essere corpo di chi parla e di chi ascolta[3]. Inoltre, il concetto stesso di *partire*, o di *partire da*, rappresenta bene quell'idea di movimento che è applicabile alla pittura di Manzelli: un attingere da sé che è al tempo stesso distacco e origine, separazione e principio.

In questo gioco di specchi, ogni dipinto si può leggere come una proiezione della soggettività dell'artista, un'indagine sulla costruzione dell'identità femminile e sulla sua rappresentazione in cui l'opera diventa al tempo stesso ritratto e immagine dell'*altra*.

Manzelli, infatti, non sembra intendere l'identità come un dato fisso, ma la scompone e la ricompone, dando vita a un universo popolato da figure affini eppure irriducibilmente diverse: una sorta di grande famiglia di *Signorine*. Il suo lavoro si sviluppa così come un'indagine costante sul rapporto tra soggetto e immagine, ma sempre in dialogo con ciò che le è esterno: il corpo dell'altro, l'ambiente, lo sguardo di chi osserva.

Nella sua prima mostra personale, *Il vascello fantasma* (1993) presso lo Spazio Viafarini a Milano, venticinque dipinti a olio su tavola di piccole dimensioni, sospesi mediante fili di nylon, raffigurano inquietanti figure femminili immerse prevalentemente in ambienti domestici. La pittura si caratterizza per un'alternanza di toni pastello e scuri, con pennellate materiche che ne esaltano la forza espressionista.

L'intera esposizione è un ambiente percorribile, in cui lo spettatore è chiamato a muoversi per osservare da vicino i dipinti: chi attraversa la sala è costretto a ricostruire l'opera frammentata spostandosi tra i quadri sospesi e leggendo i brevi pensieri che Manzelli ha scritto sotto ciascuno.

È un gioco speculare tra corpi e identità che porta inevitabilmente a confrontarsi con la fragilità del concetto del sé. Il titolo stesso, *Il vascello fantasma*, richiama l'idea di un'entità errante, priva di un ancoraggio stabile, una presenza che, pur non essendo visibile, esiste.

Se nelle prime opere è il pubblico a muoversi, con *Il fondo del mare-vulcano*[4] – come già in *Calmo fiume nero* (1994) –

il rapporto si ribalta: non è più lo spettatore al centro, ma l'artista stessa, fisicamente presente ma irraggiungibile. Seduta di spalle su uno sgabello sospeso a quattro metri di altezza, Manzelli è rivolta verso l'angolo della stanza, avvolta in un lungo abito di velluto nero che si distende fino a coprire l'intero pavimento, mentre sullo strascico lascia cadere i disegni realizzati sul momento. L'abito assume così una duplice funzione: è un supporto per i disegni, un deposito delle tracce dell'azione; al contempo amplifica la presenza dell'artista, trasformandosi in un dispositivo che connette corpo e spazio, corpo e opera.

A offrire una chiave di lettura, per certi versi risolutiva, di questo rapporto tra Manzelli e la pittura sembrano essere alcuni versi di una sua poesia scritta negli stessi anni.

"Dipingere è assoluto desiderio.
Percepire il confine nel momento in cui lo si perde.
Il lavoro prende forza e l'io si sta perdendo – il fiume soverchia le sponde.
Le mie azioni: la non-io sacrifica il corpo – ne salva l'esistenza."[5]

Per Manzelli, la pittura è un'esperienza totalizzante, capace di assorbire la sua identità fino a farla vacillare. L'io si dissolve nel processo creativo, lasciando emergere un'alterità – *non-io* – come se la presenza dell'artista si annullasse nell'opera, divenendo il mezzo attraverso cui essa si manifesta.

L'idea di confine evocata nella poesia assume quindi un ruolo centrale: la pittura è desiderio, un movimento verso l'altro, ma anche uno spazio liminale in cui l'identità si sovrappone all'opera e, simultaneamente, se ne distacca.

Il passaggio aiuta a comprendere l'evoluzione del lavoro di Manzelli, in particolare nell'uso del corpo e dell'azione. Se nelle prime opere la componente fisica dell'artista è imprescindibile, con il tempo si fa sempre più evanescente, quasi fantasmagorica. Ciò accade in concomitanza con l'acquisire autonomia della pittura: il tratto, inizialmente espressionista e radicato nell'interiorità, si fa progressivamente più nitido, le figure femminili si definiscono con maggiore precisione e la scala delle opere cambia, dall'intimità dei piccoli quadri si passa a formati più ampi, come se la pittura stessa – e dunque le sue Signorine – acquistassero forza e presenza.

Uno degli elementi più interessanti di questo mutamento è lo sguardo. Nei primi dipinti, queste figure appaiono spettrali, ritratte a distanza, e quando sono vicine hanno gli occhi chiusi, sono di spalle o fissano un punto indefinito. Con il tempo iniziano a trasformarsi in soggetti attivi, capaci di interpellare e sfidare lo spettatore. Sono donne intensamente presenti, che occupano i loro corpi e i cui corpi, a loro volta, abitano lo spazio.

Nel 1996, nella mostra *Il pudore o l'impudenza*[6], Manzelli presenta giovani donne dal busto nudo, dipinte ad acquerello con pennellate morbide che le fanno apparire quasi sul punto di liquefarsi. Dai loro corpi si diramano fili di lana neri, che l'artista fa passare attraverso le pareti fino a scendere lungo la facciata dell'Arengario di Milano, per poi scioglierli tra le mani mentre cammina per la città. L'opera vive attraverso il corpo dell'artista, che si fa tramite del suo stesso lavoro. Ma già nella mostra dello stesso anno *La terra fredda*, seconda personale allo Studio Guenzani, il distacco si fa più netto.

"Si riceve un pugno nello stomaco"[7], scrive Alessandra Pioselli su *Flash Art*. Corpi femminili nitidi emergono da tele di grandi dimensioni, collocati in ambienti ridotti all'essenziale: pareti spoglie, un letto disfatto, vestiti abbandonati sul pavimento. Nei paesaggi esterni, il mare, il cielo e le pianure deserte diventano proiezioni emotive di solitudine e sospensione[8]. Questa volta le Signorine di Manzelli non dipendono più dal corpo dell'artista, ma si emancipano, conquistando lo spazio della galleria e circondando il visitatore con la loro insistente presenza.

Durante l'inaugurazione, l'artista indossa delle scarpette inchiodate al pavimento bloccandosi alla parete, tra le tele, in un rimando di sguardi tra lei e i propri lavori. Diventa parte dell'installazione, un corpo tra corpi dipinti, al tempo stesso oggetto e soggetto della visione. Come osserva Pioselli, "tra la rappresentazione (l'immagine) e la realtà (il vissuto) c'è un cordone ombelicale non reciso, una sorta di osmosi"[9]. Se, però, nelle prime fasi della ricerca esiste un rapporto di dipendenza fisica tra l'artista e le sue opere, qui tale relazione si fa più orizzontale.

Nella mostra *Fatto in Italia*[10], collettiva itinerante ospitata dal Centre d'Art Contemporain di Ginevra, Manzelli porta questa riflessione un passo oltre, scegliendo di ancorarsi fisicamente a una parete tramite un sistema di magneti (*La vita felice*, 1996): un busto metallico, nascosto sotto i vestiti, la sostiene e la solleva di pochi centimetri dal suolo. Il meccanismo è quasi impercettibile: sembra semplicemente appoggiata alla parete, ma in realtà è sospesa, sottratta alla gravità.

Quando la mostra si sposta all'Institute of Contemporary Arts di Londra, Manzelli accentua ulteriormente il gesto performativo, rendendo visibile il processo di preparazione. Entra nello spazio indossando l'armatura, la appoggia a terra, si sveste e si riveste davanti al pubblico, per poi agganciarsi alla parete "con un sonoro clac"[11]. L'artista si appende al muro, proprio come si fa con un quadro. Lei stessa è una delle sue Signorine.

Ripensando a questa esperienza, afferma:

"Le persone ti chiedono sempre molte cose e durante queste azioni mi accorgo che riesco a dire cose diverse, ad avere un'ottica completamente stralunata, anche perché sono magari molto stanca, tesa e agitata. Mi interessa molto quello che riesco a dire, quello che si può dire in occasioni di questo tipo. Penso che fondamentalmente mi sentirò, credo,

soddisfatta quando riuscirò ad attuare una vera e propria cesura fra me e il mio lavoro, quando smetterà questa concorrenza sleale"[12].

Le sue parole rivelano il senso di un'opera che si impone come realtà autonoma, al punto da farle avvertire la necessità di una *cesura*.

Questa esigenza di distacco trova un'ulteriore espressione nella mostra *well the sun comes up and the sun goes down*, presentata nel 1998 alla galleria greengrassi di Londra. Durante l'inaugurazione, Manzelli applica nei suoi occhi dell'atropina in collirio, un farmaco utilizzato in ambito medico per dilatare la pupilla in preparazione a esami diagnostici e interventi chirurgici oculari. L'effetto – un'alterazione della visione che può protrarsi per giorni – compromette la sua capacità di mettere a fuoco l'ambiente circostante, rendendo difficile orientarsi nello spazio, muoversi tra le sue opere e interagire con le persone, in un contesto che richiederebbe invece una piena padronanza percettiva. Ancora una volta, l'artista diventa parte della sua opera e, al tempo stesso, se ne distacca. È fisicamente presente, ma in una forma diversa, disorientata e privata del controllo di sé.

Questa tensione si articola in un duplice rapporto tra corpo e linguaggio. Da un lato, il sostegno fisico, evidente nelle sue azioni, in cui il corpo è vincolato e diventa parte dell'opera; dall'altro, il sostegno verbale, ovvero la necessità di conferirle significato e voce.

Proprio tale riflessione sul linguaggio assume una diversa forma in occasione della Biennale di Istanbul del 1999[13]. Ogni artista ha a disposizione un assistente personale, e Manzelli sceglie di coinvolgere questa figura in una sua azione. Indossando un guanto palmato di lana, ogni volta che qualcuno le pone una domanda, si avvicina all'orecchio dell'assistente e gli parla attraverso il guanto, che attutisce il suono rendendolo inudibile agli altri. È l'assistente a rispondere al posto suo, scegliendo di volta in volta la lingua – italiano, inglese o turco – su indicazione dell'artista. Spesso la risposta avviene in turco, lingua incomprensibile alla maggior parte dei presenti, creando un effetto di straniamento. Le parole di Manzelli diventano inafferrabili, inutili, cadono nel vuoto e nessuno sembra accorgersene, un'esperienza che l'artista descrive come una sorta di sconfitta paradossale: "I miei dipinti e le mie immagini mi hanno battuta 6 a 1. Mi sono proprio sentita scacciata dal mio lavoro, ecco, perché le immagini e i dipinti hanno preso il sopravvento e non so cosa succederà con le prossime cose, vedremo."[14]

Se fino a questo momento la sua presenza fisica è stata imprescindibile, l'opera acquisisce ora una sua autonomia. Sono le Signorine ad abitare lo spazio e a imporsi nella realtà, tanto che, nella mostra *Oscuro è il cuore della bellezza*, presentata nel 2024 al Mart di Rovereto, l'artista realizza grandi opere *site-specific* che invadono le pareti dell'ambiente espositivo[15].

La cesura tanto ricercata – quel confine tra sé e il proprio lavoro – sembrerebbe compiuta. Eppure il corpo di Manzelli continua a manifestarsi in un gioco infinito di rimandi tra il sé e l'altra, tra il visibile e l'invisibile, tra l'atto pittorico e l'immagine che resta.

Nella mostra presentata al Centro Pecci, la sua fisicità si dà solo in assenza attraverso l'imbracatura di *La vita felice*, esposta come segno residuo di un corpo ormai non più necessario. A occupare lo spazio sono invece le sue creature e una nuova presenza: una robot di nome Mercedes, avvolta in un lungo abito nero di velluto, che si aggira tra le sale recitando poesie, alcune scritte dall'artista, altre generate da un algoritmo.

La robot diventa un'ulteriore figura altra, un avatar privo di identità definita, che amplifica il senso di straniamento già insito nelle opere. Torna in mente l'azione di Istanbul: in entrambi i casi, l'artista si sottrae alla comunicazione diretta, lasciando che sia un altro a esprimersi al suo posto. Tuttavia, questa volta il distacco è definitivo. Se in passato Manzelli era ancora presente, anche solo come corpo silenzioso, ora la sua voce viene assorbita e rielaborata da un'intelligenza artificiale, che la confonde con la propria, privando il linguaggio di ogni soggettività.

Manzelli si è definitivamente dissolta nelle sue opere, lasciando che siano solo le immagini – e ora anche le parole sintetiche – a dialogare con lo spettatore.

1   La scelta di utilizzare il termine *azione* anziché *performance* rispetta
    la volontà di Manzelli, che ha sempre preferito questa definizione.
    Si veda, a tal proposito, anche la recente intervista rilasciata a
    *Studio International* disponibile online: https://www.studiointerna-
    tional.com/index.php/margherita-manzelli-interview-i-developed-a-
    way-of-denying-being-a-complete-painter.
2   "Intervista con Margherita Manzelli", in *Margherita Manzelli*,
    a cura di Paolo Colombo, catalogo della mostra (MAXXI – Museo
    nazionale delle arti del XXI secolo, Roma, 2 dicembre 2003 –
    8 febbraio 2004), Charta, Milano 2004.
3   Diotima, *La sapienza di partire da sé*, Liguori, Napoli 1996.
4   Azione presentata presso il Centro d'Arte Contemporanea Spazio
    Umano, Milano, 1995.
5   Margherita Manzelli, "Noi non ce ne andremo", in *Aperto '95*,
    a cura di Francesco Bonami, Emanuela De Cecco et al., catalogo
    della mostra (Trevi Flash Art Museum, Trevi, 11 giugno –
    20 settembre 1995), Flash Art Museum, Trevi 1995, p. 44.
6   *Il pudore o l'impudenza*, a cura di Andrea Lissoni, Openspace,
    Arengario, Milano, 1996.
7   Alessandra Pioselli, "Margherita Manzelli", *Flash Art*, n. 202,
    febbraio-marzo 1997, p. 103.
8   *Ibid*.
9   *Ibid*.
10  *Fatto in Italia*, a cura di Paolo Colombo, catalogo della mostra itine-
    rante (Centre d'Art Contemporain, Ginevra; Institute of Contem-
    porary Arts, Londra, 1997), Electa, Milano 1997.
11  Andrea Lissoni, intervista con Margherita Manzelli in *Margherita
    Manzelli*, Colombo, 2004.
12  *Ibid*.
13  *The Passion and the Wave*, 6th International Istanbul Biennial,
    a cura di Paolo Colombo, catalogo della mostra (Istanbul,
    17 settembre – 30 ottobre 1999), Istanbul Foundation for Culture
    and Arts (IKSV), Istanbul 1999.
14  Lissoni, intervista con Margherita Manzelli in *Margherita Manzelli*,
    Colombo, 2004.
15  *Margherita Manzelli. Oscuro è il cuore della bellezza*, a cura di
    Gabriele Lorenzoni, catalogo della mostra (Galleria Civica, Trento,
    17 dicembre 2023 – 10 marzo 2024).

# The Suspended Body: Painting and Actions in the Work of Margherita Manzelli

Giulia Zompa

A dark-haired woman, enveloped in a voluminous black dress, is sitting on a stairway in a dimly lit room. Her eyes are fixed on the door. From her lips branch dozens of thin threads, which rise into the air over a corridor. Floating in the white light that floods the room are oil paintings on paper, quick, evocative landscapes, sometimes accompanied by brief jottings.

This is how a young Margherita Manzelli presented herself in 1994 for her solo show *Calmo fiume nero* at Studio Guenzani, in Milan. The exhibition featured a sort of organic extension connecting the artist to her paintings; it was a positioning of the subject *I* at the center of the experience, of the action, of time.

Looking back on that action today,[1] in light of over thirty years of Manzelli's work, one can glimpse in it a declaration of her vision: painting is a reflection of one's being, a process of self-revelation in which physicality—whether it is the artist's body, the canvas, or their relationship to space—becomes fundamental.

The female figure is always at the center of Manzelli's work. The women who inhabit her paintings are not self-portraits, yet they bear an undeniable resemblance to the artist: they are presences suspended in a limbo of expectation and melancholy, laden with suppressed emotions, who observe and question the viewer.

The fact that Manzelli starts from within, filling her works with women who come out of herself—"They don't exist anywhere but in my head"[2]—and who seem to evoke her image, can easily suggest a process of self-exploration. In Italy, "starting from within," (*partire da sé*) is an expression connected with the women's movement; I've used it here not to forcibly fit Manzelli into an undeclared feminist narrative, but because some thoughts connected to this practice seem quite pertinent here. *Starting from within* means expressing oneself, speaking out, in a relationship with the world that does not erase the presence of bodies, the embodiment of the person who speaks and listens.[3] Moreover, the very concept of *starting from*, *departing from*, conveys an idea of movement that applies to Manzelli's paintings: a drawing out from within that is both a detachment and an origin, a separation and a beginning.

In this game of mirrors, each painting can be seen as a projection of the artist's subjectivity, an inquiry into how female identity and its representation are constructed, in which the work becomes both a portrait and an image of the female *other*.

Manzelli, in point of fact, does not seem to treat identity as something fixed, but rather dismantles and recomposes it, creating a universe inhabited by figures who are similar yet inherently different: a vast family of *Signorine*. Her work therefore unfolds like a constant investigation of the relationship between subject and image, but always in connection to what lies outside: the other body, the environment, the viewer's gaze.

In her first solo show, *Il vascello fantasma* (1993) at Spazio Viafarini a Milan, twenty-five oil paintings on small panels, hanging from nylon threads, showed disquieting female figures, primarily in domestic settings. The style was characterized by an alternation of dark and pastel tones, with textural brushstrokes adding to its expressionistic power.

The entire exhibition was conceived as an environment that visitors could walk through, forced to move around in order to see the paintings up close. Anyone navigating the room was obliged to reconstruct the fragmented body of work, wending their way among the hanging pictures and reading the brief thoughts Manzelli had written beneath each one.

It is a game of reflections between bodies and identities that inevitably leads the viewer to confront the fragility of one's concept of self. Even the title, *Il vascello fantasma* (The Ghost Ship) suggests a wandering entity with no fixed anchor, a presence that while not visible, exists.

While in Manzelli's early work it is the visitor who moves, in *Il fondo del mare-vulcano*[4]—as in *Calmo fiume nero* (1994) before it—the process is reversed: instead of the viewer at the center, it is the artist herself, physically present and yet out of reach. Sitting with her back turned on a stool suspended four meters off the ground, Manzelli is facing the corner of the room, swathed in a long black velvet dress that spreads out to cover the entire floor; she makes drawings on the spot, dropping them so that they fall down on her train. The dress thus serves a double function: it is a support for the drawings, a repository for the traces of the action; at the same time, it amplifies the artist's presence, turning into a device that connects body and space, body and work.

What is in some ways a definitive key to interpreting this relationship between Manzelli to her paintings can perhaps be found in a few lines of a poem she wrote around the same time.

"Painting is absolute desire.
Perceiving the boundary the moment that you lose it.
The work takes on power and the self is being lost—the river overflows its banks.
My actions: the non-self sacrifices the body—preserves its existence."[5]

For Manzelli, painting is an all-encompassing experience, capable of absorbing her identity to the point that it begins to waver. The self melts into the creative process, allowing an alterity—a *non-self*— to emerge, as if the artist's presence were dissolved within the work, becoming the vehicle through which it manifests itself.

The idea of a boundary evoked by the poem therefore takes on a key role: painting is desire, a movement towards the other, but also a liminal space in which identity is superimposed on the work and, at the same time, breaks away from it.

This shift may shed light on the evolution of Manzelli's work, especially her use of the body and of action. While in her early works the physical component was essential, over time it has become more and more evanescent, almost phantasmagorical. This has run parallel to an increase in the painting's autonomy: the marks, which were initially expressionistic and rooted in an inward dimension, have gradually became more precise; the female figures are more clearly defined and the scale of the works has changed, moving from the intimacy of small works to larger formats, as if the painting itself—and thus the young ladies—were taking on strength and presence.

One of the most interesting elements in this transformation is the gaze. In the early paintings, these figures appear ghostly, seen from a distance, and when they are closer, they have their eyes closed, their backs turned, or are staring into space. Over time, they began to turn into active subjects, capable of addressing and challenging the viewer. These are intensely present women, who occupy their bodies, and whose bodies, in turn, inhabit the space.

In her 1996 exhibition *Il pudore o l'impudenza*,[6] Manzelli presented a series of bare-chested young women, painted in watercolor with soft brushstrokes that made them look as if they were about to melt. Stretching out of their bodies were strings of black yarn, which the artist threaded through the walls and down the facade of Palazzo dell'Arengario in Milan, then allowed to unravel from her hands as she walked through the city. The work lives through the body of the artist, who becomes a medium for her own work. But that same year, in *La terra fredda*, her second solo show at Studio Guenzani, the separation had already become clearer.

"It's a punch in the gut,"[7] wrote Alessandra Pioselli in *Flash Art*. Meticulously rendered female bodies emerge from large canvases, set in pared-down spaces: bare walls, an unmade bed, clothing strewn across the floor. In the outdoor landscapes, the sea, sky, and empty plains become emotional projections of loneliness and limbo.[8] This time, Manzelli's young ladies are no longer tied to the artist's body, but have been liberated, taking over the gallery space and surrounding the viewer with their insistent presence.

At the opening, Manzelli slipped on shoes that were nailed to the ground and stood against the wall, amid her paintings, in an exchange of gazes with her figures. She became part of the installation, a body among painted bodies, both subject and object of vision. As Pioselli observed, "between representation (the image) and reality (lived experience) there is an umbilical cord that is never cut, a sort of osmosis."[9] But while in the early stages of her work there was a physical dependency linking artist and work, here the relationship becomes more equal.

In *Fatto in Italia*[10], a traveling group show that visited the Centre d'Art Contemporain in Geneva, Manzelli took this idea a step further, choosing to physically anchor herself to a wall with a system of magnets (*La vita felice*, 1996): a metal corset, hidden under her clothes, held her a few inches off the ground. The device was almost imperceptible. She seemed to be simply leaning against the wall, but in fact was suspended, removed from gravity.

When the exhibition moved to the Institute of Contemporary Art in London, Manzelli took the performative act a step further, making the stage of preparation visible. She entered the space with her armor, set it down, undressed and dressed again in front of everyone there, then hooked herself to the wall "with a loud clack."[11] The artist hangs herself on the wall, like a painting. She herself is one of her young ladies.

Thinking back on this experience, she says:

"People always ask lots of questions, and during these actions I notice manage to say different things, take on a completely muddled standpoint, in part because I may be exhausted, tense and wired. I'm very interested in what I manage to say, what one can say in situations like this. I think that in the end I may feel satisfied once I manage to create a true severance between myself and my work, when this unfair competition comes to an end."[12]

Her words reveal the meaning of a work that imposes itself as an independent fact, to the point that she feels *severance* is necessary.

The need for detachment was expressed in a different way in the exhibition *well the sun comes up and the sun goes down*, presented in 1998 at greengrassi in London. At the opening, Manzelli applied eyedrops containing atropine, a drug used to dilate the pupils in preparation for diagnostic exams and eye surgery. The effect—altered vision that can last for days—affected her ability to bring things into focus, making it difficult to orient herself in the room, move among her works and interact with people, in a situation that would normally demand full use of one's senses. Once again, the artist becomes part of her work and at the same time, detaches herself from it. She is physically present, but in a different form, disoriented and lacking complete control over herself.

This tension is played out through a double relationship between body and language. On the one hand, there is the element of physical support that is clear in her actions, when the body is tied to the work and becomes part of it; on the other, verbal support, that is, the need to give it meaning and a voice.

It was this reflection on language that took on a different form at the Istanbul Biennale in 1999.[13] Each artist was provided with a personal assistant, and Manzelli chose to include this figure in her action. Every time someone asked her a question, the painter, who was wearing a webbed wool glove, would speak in the assistant's ear behind the glove, which muffled her voice and made it inaudible to others. It was the assistant who would answer in her stead, in the language—Italian, English, or Turkish—that Manzelli indicated she should use. The reply often came in Turkish, which most of the people present did not understand and which thus created an alienating effect. Manzelli's words became ungraspable, useless, falling into the void, and no one seemed to notice. It was an experience the artist describes as a paradoxical defeat: "My paintings and images beat me, six to one. I felt crushed by my work, because the images and paintings won out, and I don't know what will happen with my next things, we'll see."[14]

While her physical presence had been essential up to then, the work now took on its own autonomy. It was the *Signorine* who inhabited the space and imposed themselves on the real world, so much so that for *Oscuro è il cuore della bellezza*, presented in 2024 at Mart Rovereto, the artist made large site-specific works that invaded the walls of the exhibition space.[15]

The division she had longed for—that severance between herself and her work—seemed to have been achieved. And yet Manzelli's body continues to manifest itself in an endless game of mirrors between self and other, visible and invisible, the act of painting and the image that it leaves.

In the exhibition at Centro Pecci, her physicality is there only in its absence, in the form of the harness from *La vita felice*, exhibited as a residual suggestion of a body that is no longer needed. The space is instead given over to her creatures and to a new presence: a robot named Mercedes, enveloped in a long black velvet dress, who roams the rooms reciting poetry, some of it written by the artist, some generated by an algorithm.

The robot becomes yet another Other, an avatar devoid of a specific identity, who amplifies the sense of alienation already found in the works. One is reminded of Manzelli's action in Istanbul: in either case, the artist eludes direct communication, allowing someone else to speak in her stead. Nonetheless, this time the detachment is definitive. Before, Manzelli was still present, if only as a silent body, but now her voice is absorbed and refashioned by artificial intelligence, which blends it with its own, draining language of all subjectivity.

Manzelli has definitively dissolved into her work, leaving just the images—and now, the synthetic words as well—to interact with the visitor.

1   The choice to use the term action rather than performance is in keeping with Manzelli's wishes, since she has always preferred this description. In this regard, see the interview she recently gave to *Studio International*, available online: https://www.studiointernational.com/index.php/margherita-manzelli-interview-i-developed-a-way-of-denying-being-a-complete-painter.

2   "Intervista con Margherita Manzelli", in *Margherita Manzelli*, ed. Paolo Colombo, exh. cat. (MAXXI – Museo nazionale delle arti del XXI secolo, Rome, December 2, 2003 – February 8, 2004) (Charta: Milan, 2004).

3   Diotima, *La sapienza di partire da sé* (Naples: Liguori, 1996).

4   Action performed at Centro d'Arte Contemporanea Spazio Umano, Milan, 1995.

5   Margherita Manzelli, "Noi non ce ne andremo", in *Aperto '95*, ed. Francesco Bonami, Emanuela De Cecco et al., exh. cat. (Trevi Flash Art Museum, Trevi, June 11 – September 20, 1995) (Trevi: Flash Art Museum, 1995), 44.

6   *Il pudore o l'impudenza*, curated by Andrea Lissoni (Openspace, Palazzo dell'Arengario, Milan, 1996).

7   Alessandra Pioselli, "Margherita Manzelli," *Flash Art*, no. 202 (February/March 1997): 103.

8   Pioselli, "Margherita Manzelli."

9   Pioselli, "Margherita Manzelli."

10  *Fatto in Italia*, ed. Paolo Colombo, exh. cat. (Centre d'Art Contemporain, Geneva; Institute of Contemporary Arts, London, 1997) (Milan: Electa, 1997).

11  Andrea Lissoni, interview with Margherita Manzelli in *Margherita Manzelli* (Charta: Colombo, 2004).

12  Lissoni, interview with Margherita Manzelli.

13  *The Passion and the Wave*, 6th International Istanbul Biennial, curated by Paolo Colombo, exh. cat. (Istanbul, September 17 – October 30, 1999), Istanbul Foundation for Culture and Arts (IKSV), Istanbul 1999.

14  Lissoni, intervista con Margherita Manzelli in *Margherita Manzelli*, Colombo, Charta, 2004.

15  Margherita Manzelli. *Oscuro è il cuore della bellezza*, ed. Gabriele Lorenzoni, exh. cat. (Galleria Civica, Trento, December 17, 2023 – March 10, 2024).

# Vedersi viste: ancora sulle Signorine di Margherita Manzelli

Virginia Magnaghi

"Da tutte le parti questo corpo che mi abita e che abito sfugge e mi torna, come se fosse l'anguilla della mia coscienza, un'anguilla attaccata a 'me'".
—Rossana Rossanda, "Questo corpo che mi abita", 1994[1]

Respingente eppure magistralmente azzeccato: mi è sempre sembrato così questo passaggio di Rossana Rossanda, uno dei più memorabili in uno dei più densi tra i suoi scritti dei primi anni Novanta, pensato per le pagine della rivista milanese *Lapis*. Inquieto fin dalla premessa bipolare che lo muoveva (e che ne muoveva il titolo altrettanto straniante) – ovvero la duplicità del corpo, "una cosa che 'sono' ed 'è' me stessa" – quel saggio ha tuttora la lucidità e la schiettezza di uno specchio, senza macchie a intaccarne i trent'anni di vita. Così – schiette, lucide, inquiete: anguille – ho visto le donne che dagli stessi anni abitano la pittura di Margherita Manzelli, tanto ostinata nella ripetizione quanto beffarda nel poggiare sempre sul minimo scarto.

Così le ho viste, io, perché purtroppo non c'è scampo: sono sempre trent'anni che proviamo a spiegarle, a chiederci chi siano, a rintracciare echi e somiglianze. Qualcuno, fin da subito – fin dalle prime collettive in cui furono esposte, nelle grandi capitali dell'arte occidentale a cavallo tra i due millenni, da Londra a Chicago, da Istanbul a San Paolo, passando per la Milano in cui Manzelli vive e lavora – ha convintamente inseguito il tarlo dell'autoritratto[2], nonostante le ripetute prese di distanza dell'artista dalla sola idea di rispecchiarsi nelle proprie tele. Tutti hanno, tutti *abbiamo*, inseguito le parole giuste per descrivere queste donne: feline[3] e accattivanti[4] (ma l'originale diceva *arresting*, e coglieva meglio i rapimenti – di tempo, di attenzione e di libertà – che stanno nella pausa e nell'arresto); assenti, nonostante il pugno nello stomaco che sembravano dare[5]; dolcemente demoniache[6], ricorrendo a un ossimoro sempre salvifico per chi lavora con le parole; sicure di sé[7] oppure inerti, esauste[8].

Se ne accorse fin da subito, Manzelli, dello scarto tra le sue figure per come lei le aveva pensate e le letture degli altri: "È come se i lavori mi fregassero o forse mi frego da sola"[9], dichiarò in un'intervista per un numero di *Flash Art* sulla cui copertina stavano gli occhi di una sua ragazza, *Senza titolo (per sempre)* (1999), occhi asseverativi proprio come quella parentesi tanto contraddittoria quanto efficace. Forse, però, un primo punto sta proprio qui, nel fatto che questi corpi e questi occhi, prima ancora di essere, prima ancora di vedere, *sono visti*, e dunque passano la palla a noi, a ciascuna di noi. Nel mentre, giusto per aggiungere paradossi a complicazioni, loro, alle pareti, *sanno* di essere viste, e così innescano una moltiplicazione infinita simile a quella provocata da un doppio specchio: tutte, noi e loro, mentre ci vediamo, ci *vediamo viste*, le une per le altre "immagini coattive" (un'altra intuizione di Rossanda, di pochi anni prima[10]).

Non è un caso che chiunque abbia provato a scriverne sia caduto nello sdoppiamento del loro/noi: cercando, cioè, di descriverle e, insieme, di dar conto di una reazione (cosa nient'affatto scontata, per la critica d'arte). La loro "attitudine", il loro "comportamento", quando letto come espressione di disprezzo o implacabilità, ha "disarmato", "sedotto" e infine "disturbato"[11]; la loro "esagerata attenzione" ha "sconvolto"[12]. Che ci sia dell'intenzionalità, in questo sconcerto, forse si può dire con serenità: "sono esseri guardanti – ha detto Manzelli stessa – al più alto grado d'intensità possibile, fino al fastidio"[13].

Poi, però, oltre agli occhi, oltre ai volti, ci sono i *motivi*: beffardi pure loro, che sono decorazioni e al tempo stesso anche ragioni. Contraltari ai visi, sono gli altri protagonisti dei quadri di Manzelli: fiori velenosi o fiori innocenti, geometrie rette oppure ondivaghe, stoffe ma anche tappezzerie, rivestimenti di divani oppure carte a parete, dettagli di una camicia o stravaganze di un elastico per capelli, bouquet dietro cui nascondersi o cascate di petali sospese.

Verrebbe spontaneo leggerli come la trascrizione contemporanea di un cliché della storia dell'arte, quella decorazione tanto centrale nelle vicende della rappresentazione del corpo femminile, soprattutto dalla stagione modernista in poi, perché in fin dei conti è metonimia delle lenzuola, dei baldacchini e delle tende: dunque, della camera da letto. Eppure il parallelo – la rincorsa alla spiegazione storico-artistica – non è detto che soddisfi.

Qui, forse – davanti a quest'ode all'ornamento che è, tra le altre cose, la pittura di Manzelli – bisognerebbe anche ammettere che l'artista, come del resto molti altri suoi colleghi spesso fanno, ha costantemente negato ogni possibile parentela interna alla storia della pittura (e bisognerebbe anche dire che la cosa può persino diventare un po' frustrante, soprattutto se a guardare questi quadri è chi di mestiere farebbe la storica dell'arte). Manzelli si è più volte dichiarata "miope" nei confronti di pittrici e pittori che l'hanno preceduta, e piuttosto incline a cercare punti d'appoggio tra musica e letteratura: ne è un mirabile esempio il catalogo pubblicato in occasione della personale al MAXXI di Roma del 2004, collage paratattico di riproduzioni dei suoi quadri e di brani di sue interviste, intervallati senza apparenti regole da prose, poesie, fotografie e canzoni altrui[14]. Nessuna superba pretesa di originalità pura, dunque, ma piuttosto la volontà di radicare la propria pratica in un altro sottobosco, fatto di suoni e di versi più che di tele e di tavolozze.

Semmai, ancora una volta, alberi genealogici, precedenti o affinità dicono più di chi li trova che non dei quadri stessi: è il mio sguardo – e non necessariamente quello di voi altre che vedrete e vi vedrete viste – che corre immediatamente a Paula Modersohn-Becker o ad Alice Neel. Guardo le *Signorine* e mi viene in mente l'*Autoritratto* del 1906, quello sul cui sfondo altrettanto decorativo (e klimtiano) si legge, appena prima della sigla da nubile P.B., "Questo l'ho dipinto io quando avevo trent'anni, nel sesto anniversario del mio matrimonio", a incidere, "*(per sempre)*", un qui e ora che fa stridere di nostalgie e di dolori tanto quella sigla quanto il ventre rigonfio, vistosamente incinta[15]. O, ancora, mi muovo tra una signorina e l'altra e penso alle pieghe dei corpi di Neel, e dunque alla stoffa a righe bianche e blu dell'iconica poltrona del suo più famoso *Autoritratto* (1980), oppure alle geometrie di alcuni suoi divani[16] – ma è a me, e magari a me sola, che i ricordi di questi altri corpi dicono qualcosa davanti alle trasparenze della pelle, ai gomiti spigolosi, ai ventri allentati di Manzelli. Dicono, per esempio, di immedesimazioni e di repulsioni, di paure e di desideri, che riconosco, che ogni tanto legittimo o che magari sublimo, grazie a un secolo di pittura; dicono, anche, del narcisismo del rispecchiamento, in fin dei conti il rischio più alto che si accetta se si vuole insistere, come vorrei, sull'inevitabilità del singolo sguardo di fronte a questi lavori.

Inseguire le fonti allora forse ha scopo solo come esercizio personale sul proprio sguardo, persino davanti a titoli che tanto chiamerebbero la vana ricerca, sospesi tra una raccolta di poesie di Mariangela Gualtieri e una di prose di Anna Maria Ortese, tra una benzodiazepina e un verso dei Verdena. Ciononostante, vince, in fin dei conti e giustamente, l'impressione di inafferrabilità di accostamenti capitati, come Signorine in una terra fredda, vascelli fantasmi su un calmo fiume nero e sotto un cielo senza fine[17]. Sarà meglio, dunque, tornare alle opere, e in particolare alla lentezza che l'artista stessa ha più volte dichiarato come cifra della propria pittura[18]: tanto della concreta pratica in studio, quanto del più incorporeo affiorare delle sue protagoniste in superficie, volti e corpi che come idee pre-esistono nella sua testa e periodicamente riemergono. La pittura – le sue stratificazioni, veli sottilissimi capaci della luminosità più intensa come del buio più opaco – è allora mezzo fedele a questa lentezza, immersiva ed esclusiva (divorante, come disse una volta la stessa Manzelli).

Contraltare contraddittorio e ricorrente è invece l'acquerello, testimone immediato di questi volti che emergono dai retropensieri e diventano possibili. Rapidi, eppure figli di una sistematicità analoga a quella da cui nascono le tele, anche i lavori su carta non sembrano funzionare in serie: o, meglio, non è essenziale che siano in serie perché funzionino. Al contrario, ciascuno racconta in autonomia di un volto, dei suoi allungamenti e dei suoi incavi, di arrossamenti, lividi e irregolarità, con una concentrazione di non detti – tutti nei pochi centimetri dei fogli – che quasi fanno rimpiangere le distrazioni degli abiti nelle tele, quelle vie di fuga dei motivi dove l'occhio poteva scappare, inseguendo un filo verde o perdendosi nelle pieghe violacee di un lenzuolo barocco, e così evitare due pupille che non si vedranno mai concessa la tregua delle palpebre chiuse.

Esordiente in un decennio, quello dei Novanta, in cui molte artiste stavano raccontando l'esplorazione del corpo femminile non necessariamente mosse da afflato politico, ma sicuramente consapevoli che tale afflato era un portato reale dei due decenni precedenti e non si poteva cancellare perlomeno dagli occhi di chi guardava[19], Manzelli ha probabilmente fatto la sua scelta più politica con la ripetizione – la lentezza, i silenzi, le ricomparse – dei decenni successivi. Mentre una delle sue colleghe più affermate, Vanessa Beecroft, dichiarava di aver scoperto, e dunque inseguito con le proprie opere, "l'impatto visivo di un materiale: le ragazze"[20], Manzelli sembra non aver mai badato alla brutalità dell'urto, ma preferito registrare il perdurare delle sue conseguenze.

Per quanto solo a volte siano effettivamente svestite, le sue "ragazze" paiono sempre e comunque nude, persino quando i colori più sgargianti delle stoffe più ricercate sembrerebbero coprirne il corpo. Sarebbe un'altra risposta, silente ma efficace, se mai servisse un'ulteriore dimostrazione della trappola in cui finì lo storico dell'arte Kenneth Clark quando volle difendere una certa purezza del nudo come genere pittorico; provò, allora, a distinguere tra *naked*, svestito(a), e *nude*, una forma d'arte (per fortuna, però, la dimostrazione non serve, poiché a svelare tutte le contraddizioni di quella trappola ci ha ampiamente pensato la bibliografia femminista degli ultimi trent'anni del Novecento, da Linda Nochlin a Laura Mulvey, da Denise Bauer a Lynda Nead, tra le altre[21]). Torna invece centrale l'acuta distinzione che fece John Berger nel 1972: tra *naked*, *"to be oneself"*, e *nude*, *"to be seen naked"*, a rimarcare che la quantità di stoffa è in fin dei conti un dato poco rilevante quando in gioco c'è la nudità, per spostare l'attenzione, invece, sulle dinamiche dello sguardo (il fatto poi che lo stesso Berger fosse anch'egli tra i protagonisti di quel numero di *Lapis* del 1994 da cui abbiamo cominciato – e in un brano che, tra le altre cose, parlava anche di anguille – è solo una coincidenza che fa sorridere[22]). *To be*, oppure *to be seen*: queste donne alle pareti non sembrano raccontare mai dell'immediatezza di un'essenza – cosa sono; cosa siamo, in un dato momento – ma della continuità di una presenza: come ci raccontiamo, quando da abitanti di noi stesse ci trasformiamo in sorveglianti.

1   Rossana Rossanda, "Questo corpo che mi abita", *Lapis. Percorsi della riflessione femminile*, n. 23, settembre 1994, pp. 35-37: 35.

2   Jen Budney, "Margherita Manzelli", *Art/Text*, n. 58, agosto-ottobre 1997; Martin Coomer, "Where the art is", *Time Out Magazine*, 29 ottobre 1997, p. 53.

3   Adrian Searle, "Who'd be a painter?", *The Guardian*, 11 maggio 1999, p. 12.

4   Lucinda Bredin, "Avanti Garde", ottobre-novembre 1997, pp. 16-17.

5   Rispettivamente da: Alessandra Pioselli, "Margherita Manzelli", *Flash Art*, n. 202, febbraio-marzo 1997; Alessandra Pioselli, "Provocatoria Margherita con i quadri appesi a un filo", *Carnet*, n. 3, marzo 1997.

6   Roberta Smith, "Paintings and Photos with tales to tell, often about the oddities of growing up", *New York Times*, 5 dicembre 1997.

7   Eleanor Heartney, *Art Press*, n. 252, dicembre 1999, pp. 71-72.

8   Jennifer Higgie, "Women On The Verge", *Frieze*, n. 45, marzo-aprile 1999, pp. 66-67.

9   Helena Kontova, "Margherita Manzelli. Il corpo della pittura", *Flash Art*, n. 218, ottobre-novembre 1999, pp. 90-92.

10  Rossana Rossanda, "Una soglia sul mistero", *Lapis*, n. 8, giugno 1990.

11  Budney, "Margherita Manzelli".

12  Smith, "Paintings and Photos with tales to tell".

13  Così Manzelli nell'intervista pubblicata in: *Margherita Manzelli. Oscuro è il cuore della bellezza*, a cura di Gabriele Lorenzoni, catalogo della mostra (Galleria Civica, Trento, 17 dicembre 2023 – 10 marzo 2024).

14  *Margherita Manzelli*, a cura di Paolo Colombo, catalogo della mostra (MAXXI - Museo nazionale delle arti del XXI secolo, Roma, 2 dicembre 2003 – 8 febbraio 2004), Charta, Milano 2004.

15  Su questo quadro e, più in generale, sui quadri di nudo dipinti da artiste donne a cavallo tra Otto e Novecento, cfr. Jane Silcock, "Genius and gender", *The British Art Journal* 19, n. 3, inverno 2018/2019, pp. 20-30.

16  Per una lettura dei ritratti di Neel, e in particolare dei suoi nudi, cfr. Denise Bauer, "Alice Neel's Female Nudes", *Woman's Art Journal* 15, n. 2, autunno 1994/inverno 1995, pp. 21-26.

17  Sono questi i titoli di alcune delle più significative esposizioni personali di Manzelli: *Il vascello fantasma*, Spazio Viafarini, Milano, 1993; *Calmo fiume nero*, Studio Guenzani, Milano, 1994; *La terra fredda*, Studio Guenzani, Milano, 1996; *Un cielo senza fine*, Studio Guenzani, Milano, 2000.

18  Si veda, tra le molte dichiarazioni, quella in: Colombo, *Margherita Manzelli*, p. 94.

19  Arianna Fantuzzi, "Il corpo femminile nelle ricerche artistiche di fine Novecento. Il caso di Vanessa Beecroft", *Venezia Arti*, vol. 28, dicembre 2019, pp. 125-36.

20  Marcella Beccaria, *Vanessa Beecroft, performances 1993 – 2003*, catalogo della mostra (Castello di Rivoli Museo d'Arte Contemporanea, Rivoli, ottobre 2003 – gennaio 2004), Skira, Milano 2003, p. 53.

21  Oltre a Kenneth Clark, *The Nude: A Study in Ideal Form*, Pantheon Books, New York 1956, i testi cui faccio riferimento sono: Linda Nochlin, "Why There Have Been No Women Artists?", *ARTNews* 69, n. 9, gennaio 1971; Laura Mulvey, "Visual Pleasure and Narrative Cinema", *Screen* 16, n. 3, autunno 1975, pp. 6-18; Bauer, "Alice Neel's Female Nudes", pp. 21-26; Lynda Nead, *The Female Nude. Art, Obscenity and Sexuality*, Routledge, London 1992.

22  Cfr. Maria Nadotti, "Amorose corrispondenze: un padre, una figlia e Tiziano", *Lapis. Percorsi della riflessione femminile*, n. 23, settembre 1994, pp. 21-22. Qui Nadotti raccontava della propria corrispondenza con Berger e poi del permesso, da lui ottenuto, di pubblicare, sulla stessa rivista, il carteggio tra Berger e sua figlia Katya: John Berger, Katya Berger Andreadakis, "Tiziano o della carne: dialogo tra un padre e una figlia", *Lapis. Percorsi della riflessione femminile* 23, settembre 1994, pp. 23-26.

# Seeing Themselves Seen: Other Thoughts on Margherita Manzelli's *Signorine*

Virginia Magnaghi

"This body that dwells in me and that I dwell in slips away from me and slips back on every side, like the eel of my consciousness, an eel attached to 'me.'"
—Rossana Rossanda, "Questo corpo che mi abita," 1994[1]

Unpalatable and yet masterfully on the mark: that's how I've always felt about this quote from Rossana Rossanda, one of the most memorable passages in one of her densest pieces from the early 1990s, written for the Milan-based journal *Lapis*. Full of unease even in the bipolar premise it rests on (as does the equally disquieting title, "This Body that Dwells in Me")—that is, the double nature of the body, "a thing I 'am' and that 'is' me"—this essay still has all the lucid insight and frankness of a mirror, still untarnished after thirty years. And that is how—as candid, insightful, restless: as eels—I have always seen the women who for thirty years now have inhabited Margherita Manzelli's work, as stubborn in its repetition as it is mocking in its tiny, pivotal shifts.

That's how I have always seen them, because alas, there's no escaping it: for those same thirty years we've been trying to explain them, to ask ourselves who they are, to track down echoes and points of resemblance. From the start—from the first group exhibitions where they were shown, in the capitals of Western art at the turn of the millennium, from London to Chicago and Istanbul to São Paulo, by way of Milan, where Manzelli lives and works—some have confidently pursued the idea of the "self-portrait,"[2] despite the artist's repeated rejections of the very idea of mirroring herself in her paintings. They've all, *we've* all, chased after the right words to describe these women: feline[3] and arresting[4] (a word that captures the moments of captivation—of time, attention, and freedom—that exist in pauses and stillness); absent, despite the punch in the gut they seem to give,[5] sweetly demonic,[6] to use the kind of oxymoron that is always a failsafe for a writer; self-confident,[7] or else inert, exhausted.[8]

Manzelli immediately noticed the disparity between how she conceived of her figures and how others interpreted them:

"It's as if the works tricked me, or maybe I trick myself,"[9] she said in an issue of *Flash Art* whose cover bore the eyes of one of her girls, *Senza titolo (per sempre)* (1999): assertive eyes, just like that comment, as contradictory as it is incisive. Perhaps, though, that's one first point: the fact that these bodies and eyes don't just exist, don't just see, but above all *are seen*, and they thus pass the ball to us, to each of us. Meanwhile, just to add paradoxes to complications, the women on the walls *know* they are seen, and thus trigger an infinite multiplication like one in a double mirror: all of these women, them and us, as we see each other, *see ourselves seen*, becoming "coactive" images for each other (another insight of Rossanda's, a few years earlier[10]).

It is no coincidence that everyone who has tried to write about this has fallen into the split of them/us; trying, that is, to describe them, and at the same time, to explain a reaction (which is not something to be taken for granted, in art criticism). Their "attitude," their "behavior," when taken as an expression of scorn or implacability, has been seen as "disarming," "seductive," and "discomfiting";[11] their "exaggerated attention," "upsetting."[12] It's safe to say that this disconcerting effect is somewhat intentional: "they are beings who *look*," Manzelli herself has said, "with the greatest intensity possible, to the point of creating discomfort."[13]

But then, in addition to the eyes, to the faces, there are the patterns: they, too, seem mocking, motifs that at the same time are motives. As counterpoints to the faces, they are the other main characters in Manzelli's paintings: poisonous or innocent flowers, geometric or wavy designs, fabrics but also decor, upholstery or wallpaper, details on a shirt or frippery on a hairband, bouquets to hide behind or cascades of floating petals. One is tempted to see them as the contemporary transcription of an art-history cliché, that decorative element so central to the representation of the female body, especially from modernism on; because in the end it is the metonymy of bedsheets, canopies and drapes, i.e., the bedroom. And yet this parallel—the leap toward an art-historical explanation—is not necessarily satisfying.

Here, perhaps—in speaking of how Manzelli's paintings are, among other things, an ode to ornament—one should also acknowledge that the artist, as many artists often do, has constantly denied any possible kinships within the history of painting (and one should also note that this can become rather frustrating, especially when the person looking at the paintings is an art historian by trade). More than once, Manzelli has spoken of her "myopia" toward the painters who came before her, tending to look instead for touchstones in music and literature. One amazing example is the catalogue for her solo show at MAXXI in Rome in 2004: a paratactic collage of images of her paintings and excerpts from her interviews, interspersed, in a seemingly random way, with other people's prose, poetry, photos, and songs.[14] In other words, she makes no proud claim to pure originality, but rather wants to root her practice in a different subsoil, made up of sounds and verses rather than canvases and palettes.

If anything, this shows once again that genealogies, precedents, or affinities say more about the people who find them than about the paintings themselves. It is my gaze—not necessarily yours, you others who see and see yourselves seen— that instantly leads me to think of Paula Modersohn-Becker or Alice Neel. Looking at the *Signorine*, I am reminded of the former's *Self-Portrait* of 1906. On the equally decorative (and Klimtian) background, signed with her unmarried initials P. B., one finds the inscription "I painted this when I was thirty, on my sixth wedding anniversary"— etching, "*(forever)*," a here and now that makes both those initials and her swollen, visibly pregnant belly ring with nostalgia and pain.[15] Or, as I move from *signorina* to *signorina*, I also think of the folds of flesh in Neel's bodies, and the blue-and-white striped upholstery of her most famous *Self-Portrait* (1980), or the patterns on some of her sofas.[16] But to me, and perhaps just to me, the memories of these other bodies say something about the transparent skin, bony elbows, loose bellies of Manzelli's work: they speak, for instance, of sympathies and revulsions, fears and desires, which I recognize, which I sometimes legitimize or perhaps sublimate, thanks to a century of painting. They speak, too, of the narcissism of seeing oneself reflected, which is the greatest risk one accepts in the end if one insists, as I would like to, on the inevitability of the individual view when dealing with these works.

And so there may only be a point to tracking down sources as a personal exercise of training one's gaze, even with titles that seem to call so insistently for this vain quest, as they fluctuate between a poetry collection by Mariangela Gualtieri and a short-story collection by Anna Maria Ortese, between the name of a tranquilizer and a lyric from the rock band Verdena. What nonetheless wins out, in the end, and rightly so, is the sense of unfathomable juxtapositions that have simply come about: like young ladies in a cold land, ghost ships on a calm black river, under an endless sky.[17] It would therefore be better to get back to the works themselves, and particularly the slowness that the artist herself has described more than once as the hallmark of her painting.[18] This is a characteristic both of her concrete studio practice, and of the more incorporeal way that her characters float up to the surface, as faces and bodies that predate themselves as ideas in her head and periodically re-emerge. Oil paint—its layering, in very thin glazes that can achieve both intensely luminous effects and the thickest darkness—is thus a reliable medium for this immersive, exclusive slowness (which is "devouring," as Manzelli once said). A contradictory, recurring counterpoint is offered by watercolor, an immediate record of faces that emerge from the back of the mind into the realm of the possible. Rapid, yet based on a systematic approach analogous to the one behind her canvases, her works on paper do not seem to function as a series: or rather, they do not have to be a series in order to function. Rather, each separately describes a face, its distensions and hollows, blushes, bruises, irregularities; there is a density of things left unsaid—all in a few inches of paper—that make one almost long for the distractions offered by the garments in the oils, the escape routes of the patterns where the eye could flee, following a green thread or losing itself in the purplish folds of Baroque drapery, to avoid those two pupils that will never know the relief of closed eyelids.

Manzelli embarked on her career in a decade, the 1990s, when many women artists were investigating the female body. They were not necessarily driven by a political impulse, but definitely aware that such an impulse was a real result of the two preceding decades and could not be erased, at least not from the eyes of the viewer. [19] Her most political choice was probably that of repetition—of slowness, silences, reappearances—in the decades that followed. While one of her best-known peers, Vanessa Beecroft, said that she had discovered "the visual impact of a material: young women" and pursued it in her work,[20] Manzelli seems to have never paid much attention to the brutality of the shock, preferring to record the persistence of its consequences.

Although they are only sometimes actually undressed, the bodies of her "girls" always seem exposed, even when they are covered by the wildest fabrics in the most garish colors. This may be another silent but effective response that demonstrates, if any further demonstration were needed, the trap that art critic Kenneth Clark fell into with his attempt to defend the purity of the nude as a painting genre: at the time, he tried to distinguish between "naked" and "nude," with the latter being a form of art. (Fortunately, though, such a demonstration is unnecessary, because the contradictions of that fallacy have been amply pointed out by the feminist literature of the last three decades of the twentieth century: Linda Nochlin, Laura Mulvey, Denise Bauer, Lynda Nead, and others.)[21] What instead regains central importance is the insightful distinction made by John Berger in 1972: being naked is "to be oneself," and being nude is "to be seen naked." This underscores that the amount of fabric is, all told, not very relevant when it is nudity at play, shifting the focus instead to the dynamics of the gaze. (The fact that Berger himself was featured in that 1994 issue of *Lapis* quoted at the outset—with a piece that was in part about eels—is just a very amusing coincidence.[22]) To be, or to be seen: these women on the walls never seem to speak of the immediacy of an essence—what they are; what we are, in a given moment—but rather the continuity of a presence: the way we speak about ourselves, when we turn from inhabitants of ourselves into guardians.

1   Rossana Rossanda, "Questo corpo che mi abita," *Lapis: Percorsi della riflessione femminile*, no. 23 (September 1994): 35.
2   Jen Budney, "Margherita Manzelli," *Art/Text*, no. 58 (August/October 1997); Martin Coomer, "Where the art is," *Time Out Magazine*, October 29, 1997: 53.
3   Adrian Searle, "Who'd be a painter?" *The Guardian*, May 11, 1999: 12.
4   Lucinda Bredin, "Avanti Garde," YYY (October/November 1997): 16–17.
5   Respectively, by: Alessandra Pioselli, "Margherita Manzelli," *Flash Art*, no. 202 (February/March 1997); Alessandra Pioselli, "Provocatoria Margherita con i quadri appesi a un filo," *Carnet*, no. 3 (March 1997).
6   Roberta Smith, "Paintings and Photos with tales to tell, often about the oddities of growing up," *New York Times*, December 5, 1997.
7   Eleanor Heartney, *Art Press*, no. 252 (December 1999): 71–72.
8   Jennifer Higgie, "Women On The Verge," *Frieze*, no. 45 (March/April 1999): 66–67.
9   Helena Kontova, "Margherita Manzelli: Il corpo della pittura," *Flash Art*, no. 218 (October/November 1999): 90–92.
10  Rossana Rossanda, "Una soglia sul mistero," *Lapis*, no. 8 (June 1990).
11  Budney, "Margherita Manzelli."
12  Smith, "Paintings and Photos with tales to tell."
13  Margherita Manzelli, from interview published in *Margherita Manzelli: Oscuro è il cuore della bellezza*, ed. Gabriele Lorenzoni, exh. cat. (Galleria Civica, Trento, December 17, 2023 – March 10, 2024).
14  *Margherita Manzelli*, ed. Paolo Colombo, exh. cat. (MAXXI – Museo nazionale delle arti del XXI secolo, Rome, December 2, 2003 – February 8, 2004) (Milan: Charta, 2004).
15  Regarding this painting and, more generally, regarding nudes painted by women artists in the late nineteenth and early twentieth century, see Jane Silcock, "Genius and gender," The British Art Journal 19, no. 3 (Winter 2018/2019): 20–30.
16  For an analysis of Neel's portraits, particularly her nudes, see Denise Bauer, "Alice Neel's Female Nudes," Woman's Art Journal 15, no. 2 (Fall 1994 / Winter 1995): 21–26.
17  The titles of Manzelli's most significant solo shows include *Il vascello fantasma*, Spazio Viafarini, Milano, 1993; *Calmo fiume nero*, Studio Guenzani, Milan, 1994; *La terra fredda*, Studio Guenzani, Milan, 1996; *Un cielo senza fine*, Studio Guenzani, Milan, 2000.
18  Among many other such statements, see Colombo, *Margherita Manzelli*, 94.
19  Arianna Fantuzzi, "Il corpo femminile nelle ricerche artistiche di fine Novecento: Il caso di Vanessa Beecroft," *Venezia Arti* 28 (December 2019): 125–36.
20  Marcella Beccaria, *Vanessa Beecroft, Performances 1993–2003*, exh. cat. (Castello di Rivoli Museo d'Arte Contemporanea, Rivoli, October 2003 – January 2004) (Milan: Skira, 2003), 53.
21  In addition to Kenneth Clark, *The Nude: A Study in Ideal Form* (New York: Pantheon Books, 1956), the texts I am referring to here are: Linda Nochlin, "Why There Have Been No Women Artists?" *ARTNews* 69, no. 9 (January 1971); Laura Mulvey, "Visual Pleasure and Narrative Cinema," *Screen* 16, no. 3 (Fall 1975), 6–18; Bauer, "Alice Neel's Female Nudes," 21-26; Lynda Nead, *The Female Nude: Art, Obscenity and Sexuality* (London: Routledge, 1992).
22  See Maria Nadotti, "Amorose corrispondenze: un padre, una figlia e Tiziano," *Lapis: Percorsi della riflessione femminile*, no. 23 (September 1994): 21–22. Nadotti wrote about her correspondence with Berger and how he granted permission to publish, in the same journal, the letters between Berger and his daughter Katya: John Berger, Katya Berger Andreadakis, "Tiziano o della carne: dialogo tra un padre e una figlia," *Lapis: Percorsi della riflessione femminile*, no. 23 (September 1994): 23–26.

# Opere / Works

*Margherita Manzelli. Le Signorine,*
**2024**
**Veduta dell'allestimento / Installation
view with**
*Inoxia*, **2024**
*Unità di pressione – L'inferno in me,*
**2011–12**
*Untitled (double J)*, **2001**

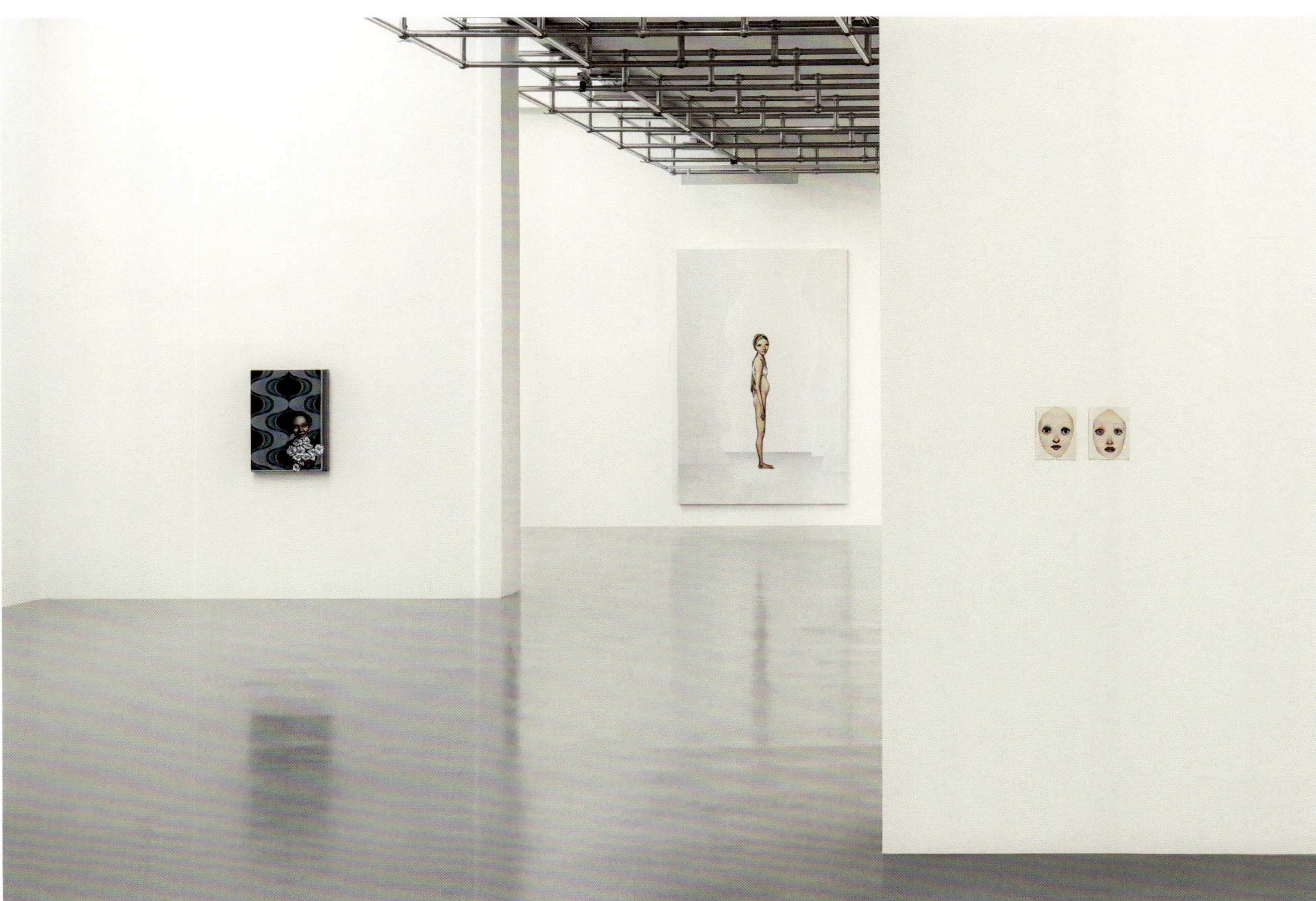

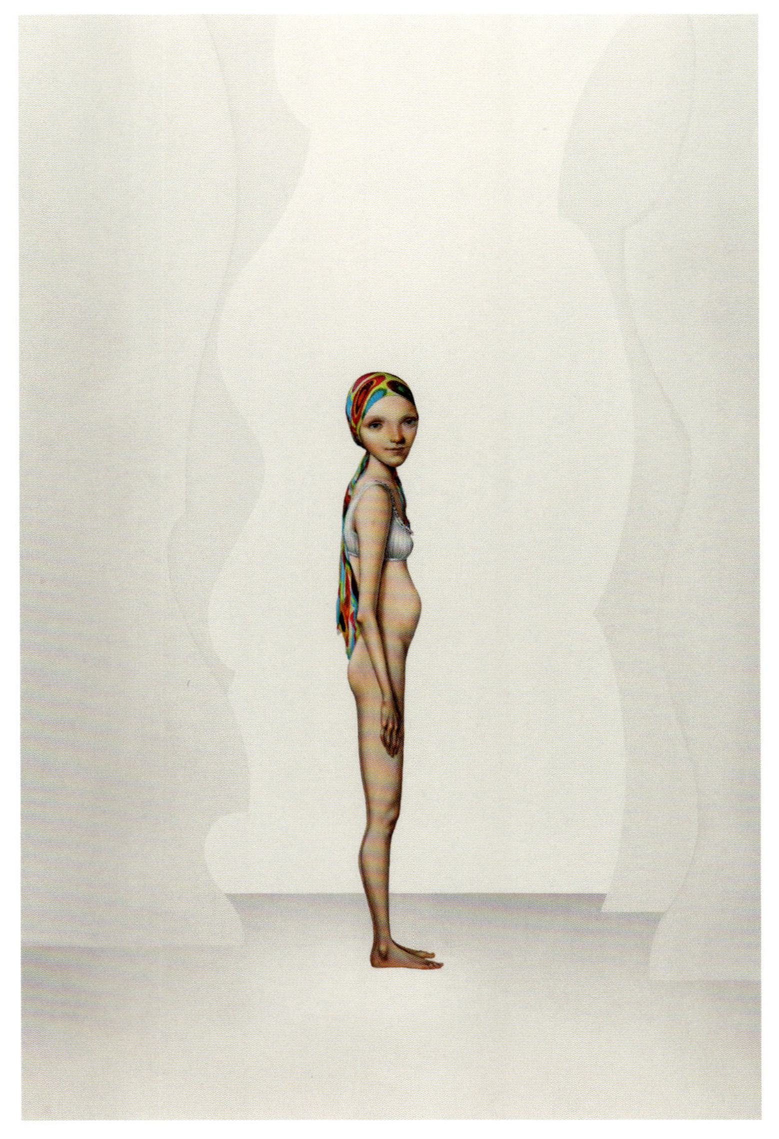

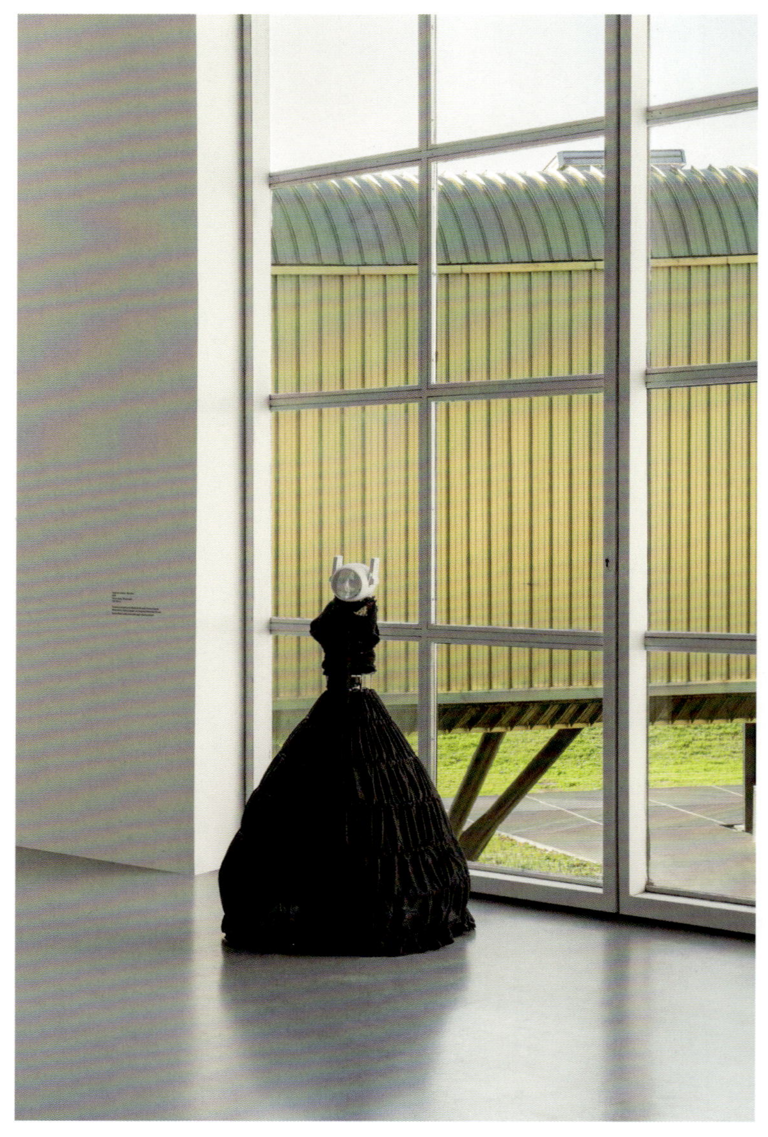

Sbircio dall'alto – da un parapetto –
i passi sospesi di qualcosa che aspetto
Non restava che l'aria – grigia e afosa –
e senza voce né rumore
moriva il mio volto nel suo pallore

I peek from above—from a parapet—
the flying steps of what has to come yet
Was left just the air—sultry and grey—
And without any sound, voice or ardor
was dying my face, within its own pallor

Tutto parla
mentre io trascrivo
un'oretta di ossessione
dal caldo sole alla gelida ombra
Allora ho un malessere che mi uccide

Everything speaks
meanwhile I transcribe
one hour obsession or so
from warm sun to icy shade
Thus I get sick to death

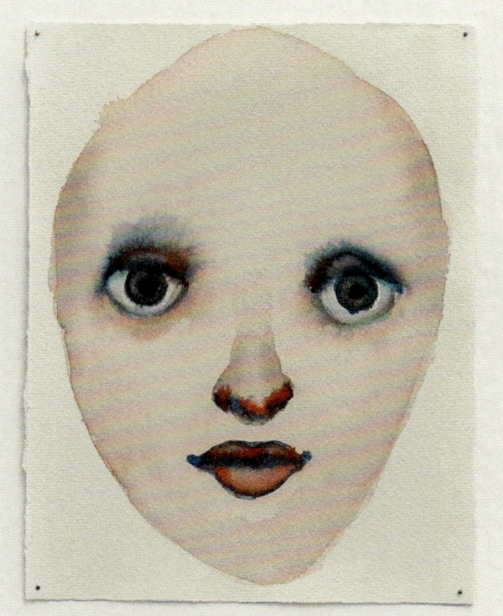 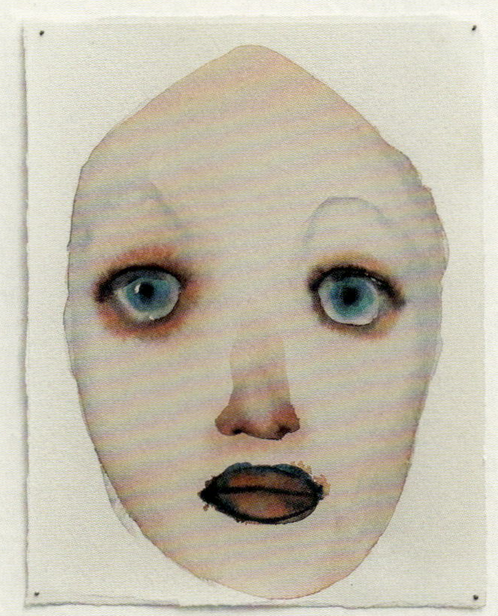

*Unità di pressione – L'inferno in me,*
*2011–12*

*Mercedes*, robot-poeta dall'azione /
robot-poet from the action: *Sistemi di*
*Credenza – Mercedes*, 2024–25

*Untitled (double J)*, 2001

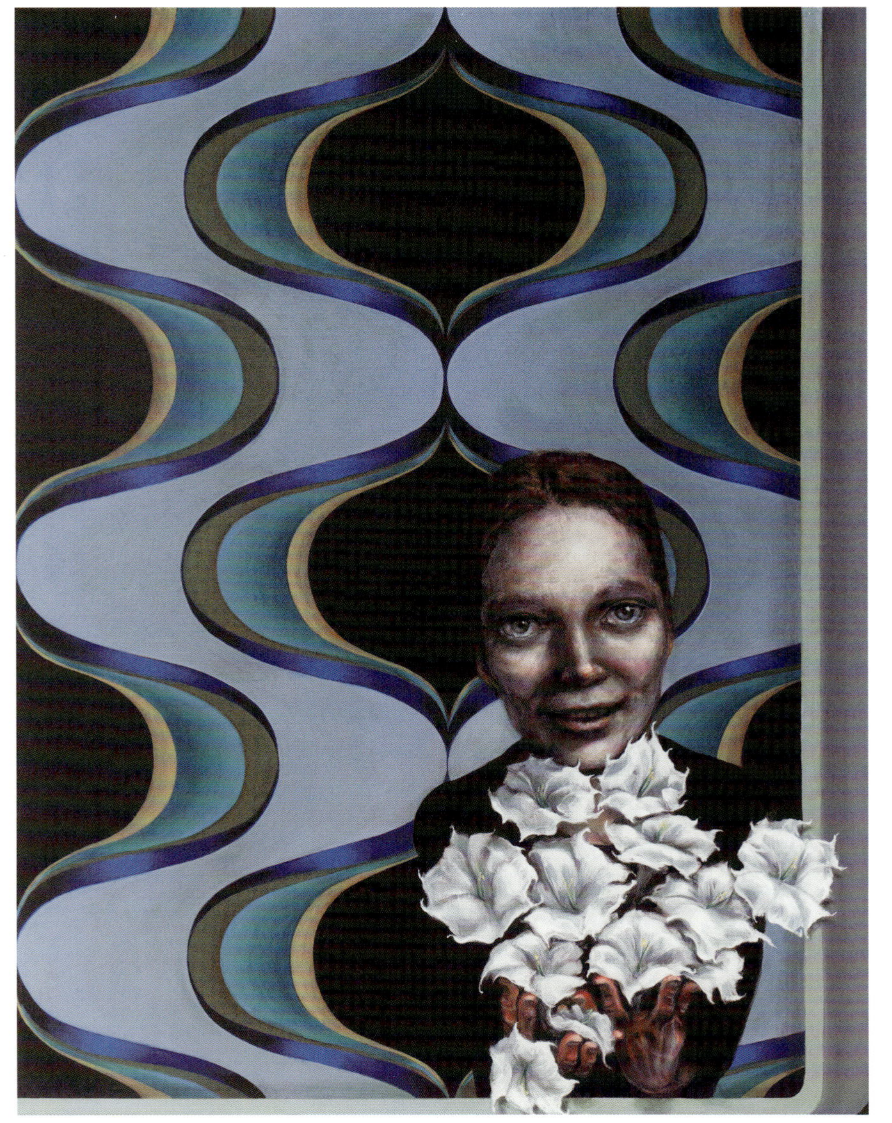

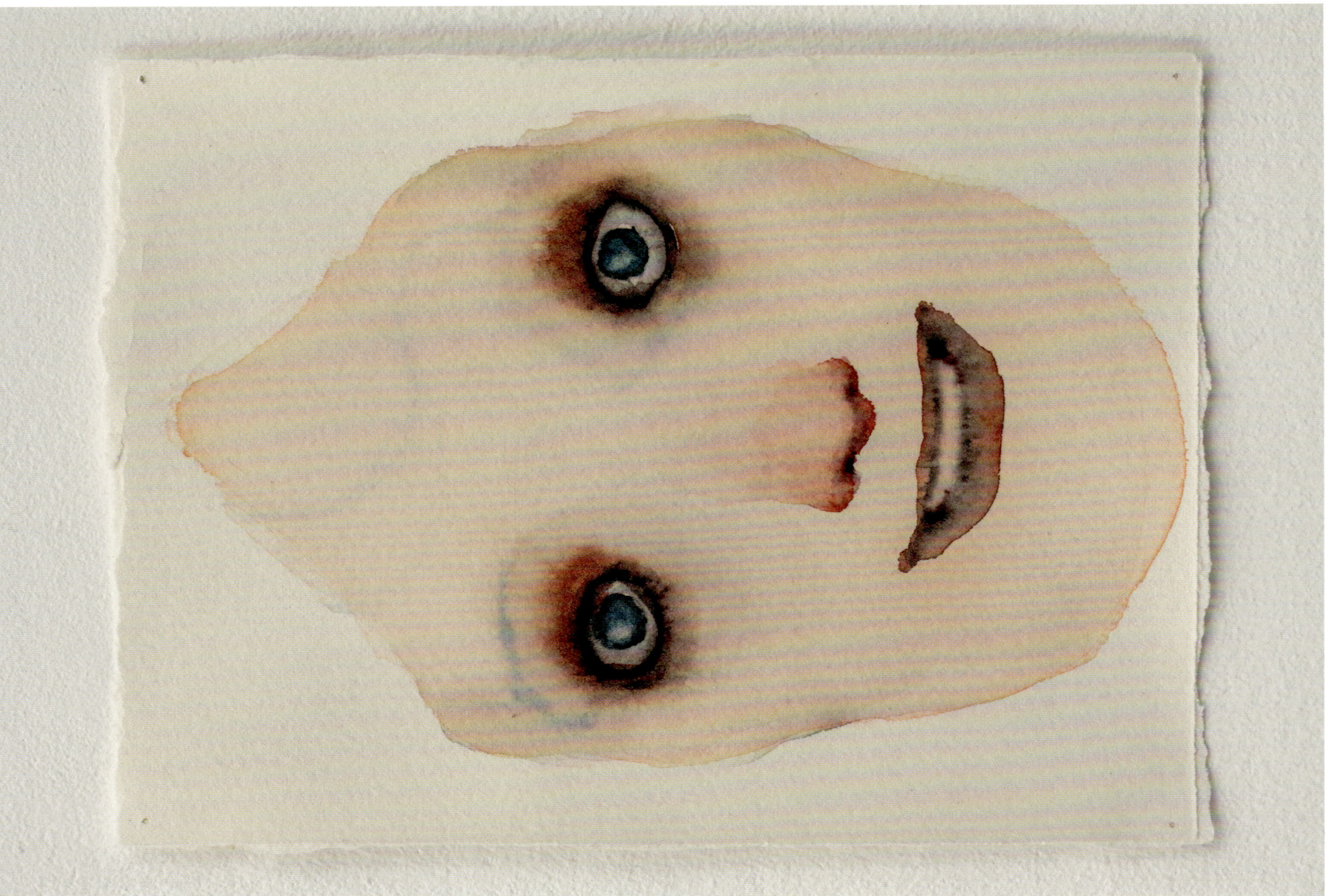

*Inoxia*, 2024

*Untitled (single B)*, 2001

Vita e morte intrecciate
Il segno dell'audacia
Poche essenziali istruzioni
Volare al contrario
La Tunisia è il primo paese
che ha tradotto Gramsci

Life and death intertwined
The mark of audacity
few and basic instructions
To fly in reverse
Tunisia was the first country
to translate Gramsci

Partiamo dall'ombra
perché veniamo da un mondo
drammatico
L'orizzonte della pratica politica
Un destino visivo

We start from shadows
since we come
from a tragic world
The horizon of political practice
A visual doom

Il corpo
così come il mondo
è quello che è
E la Testa alfine tagliata
Oscuro è il cuore della bellezza

The body
likewise the world
just is what it is
And the head at last cut off
Obscure is the heart of beauty

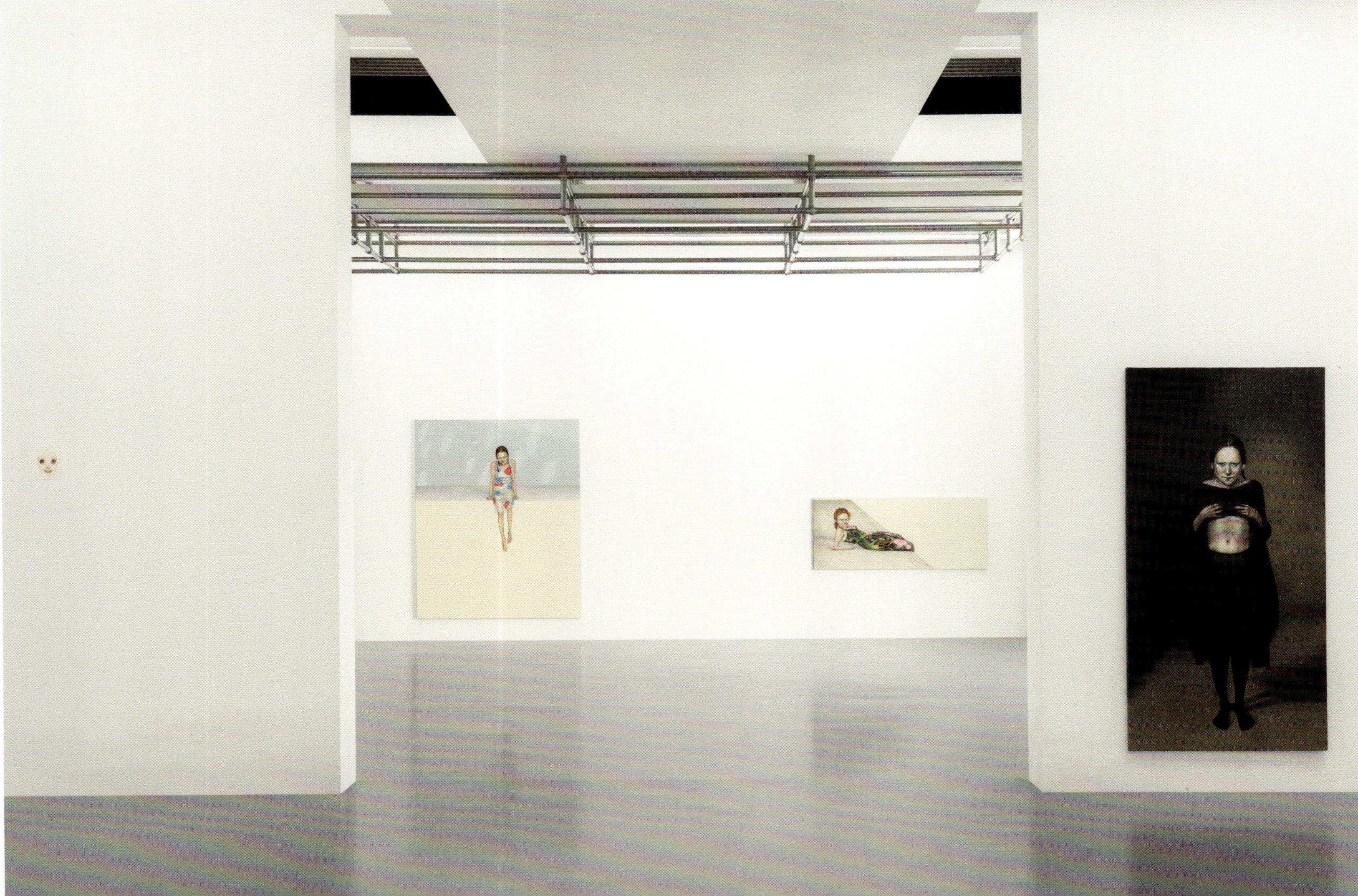

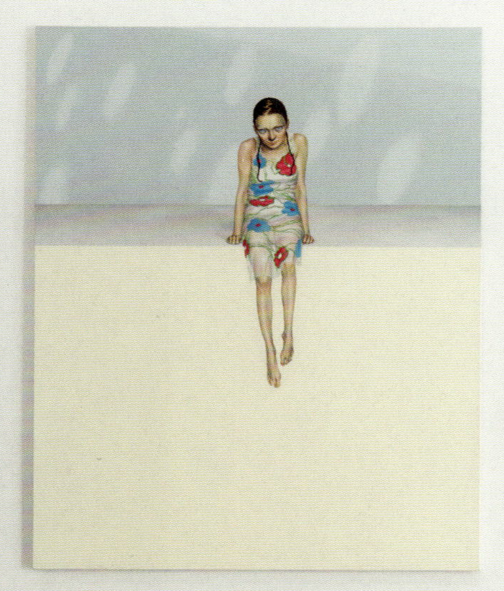
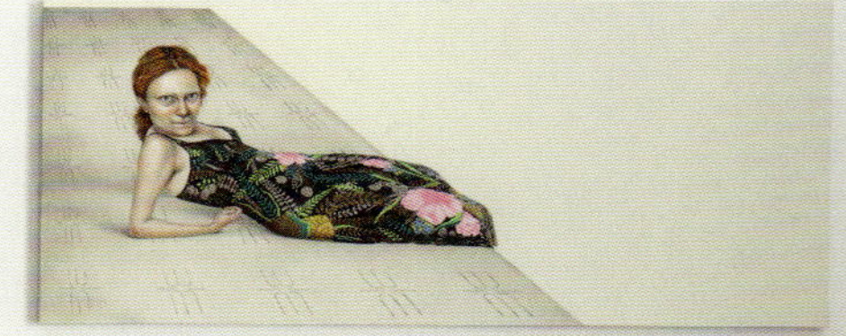

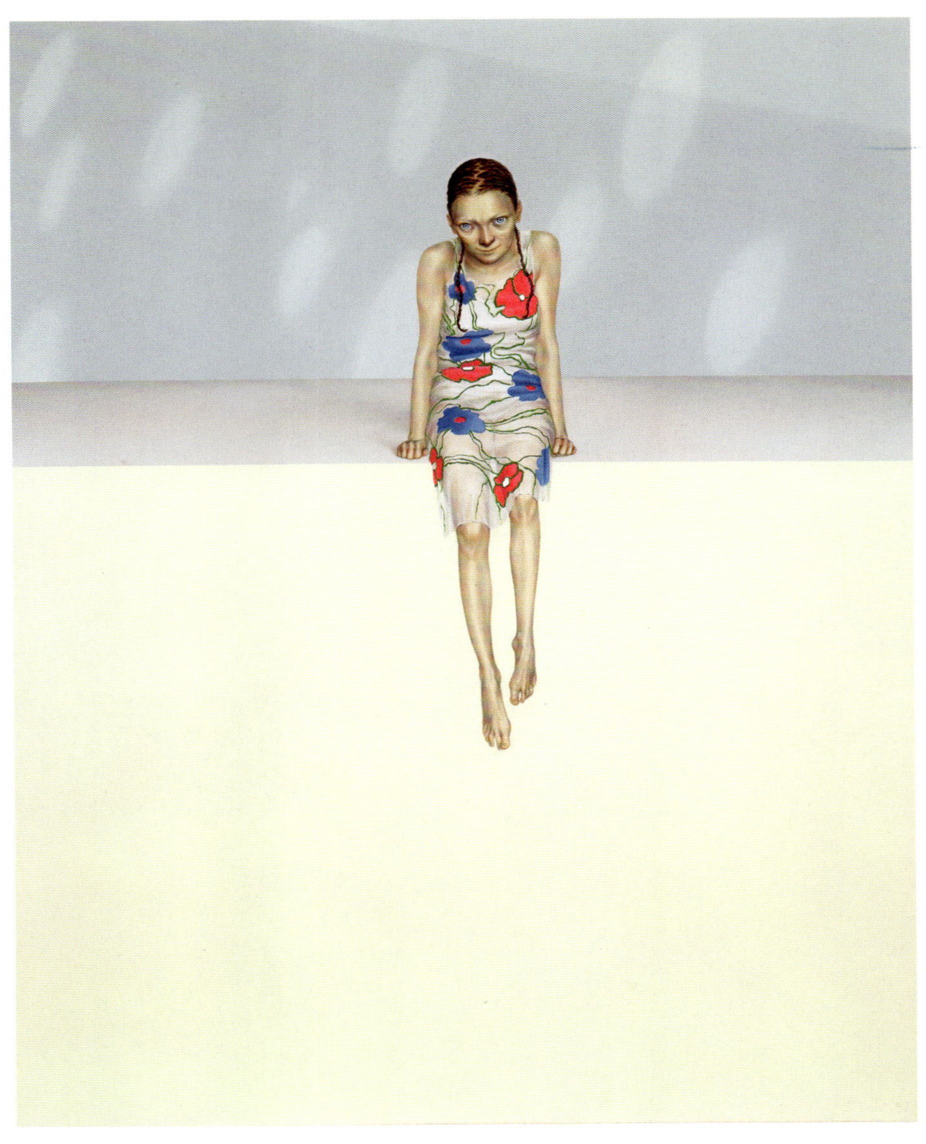

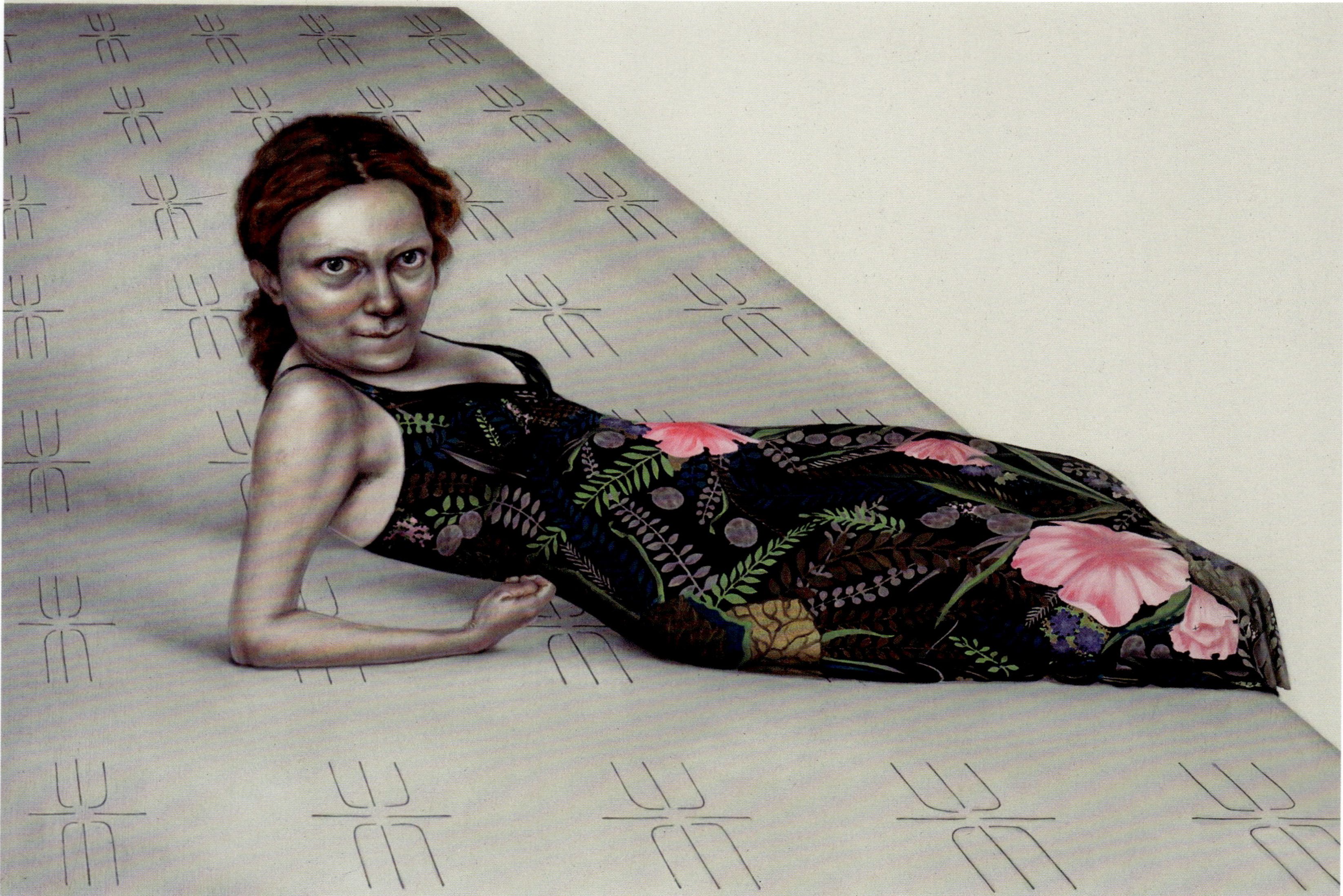

*Margherita Manzelli. Le Signorine,* **2024**
**Veduta dell'allestimento con /**
**Installation view with**
*Untitled (single B)*, **2001**
*Nottem*, **2000**
*Stillnox*, **1998**
*La vita felice*, **1997**

*Margherita Manzelli. Le Signorine,* **2024**
**Veduta dell'allestimento con /**
**Installation view with**
*Nottem*, **2000**
*Stillnox*, **1998**

*Nottem*, **2000**

*Stillnox*, **1998**

*La vita felice*, 1997

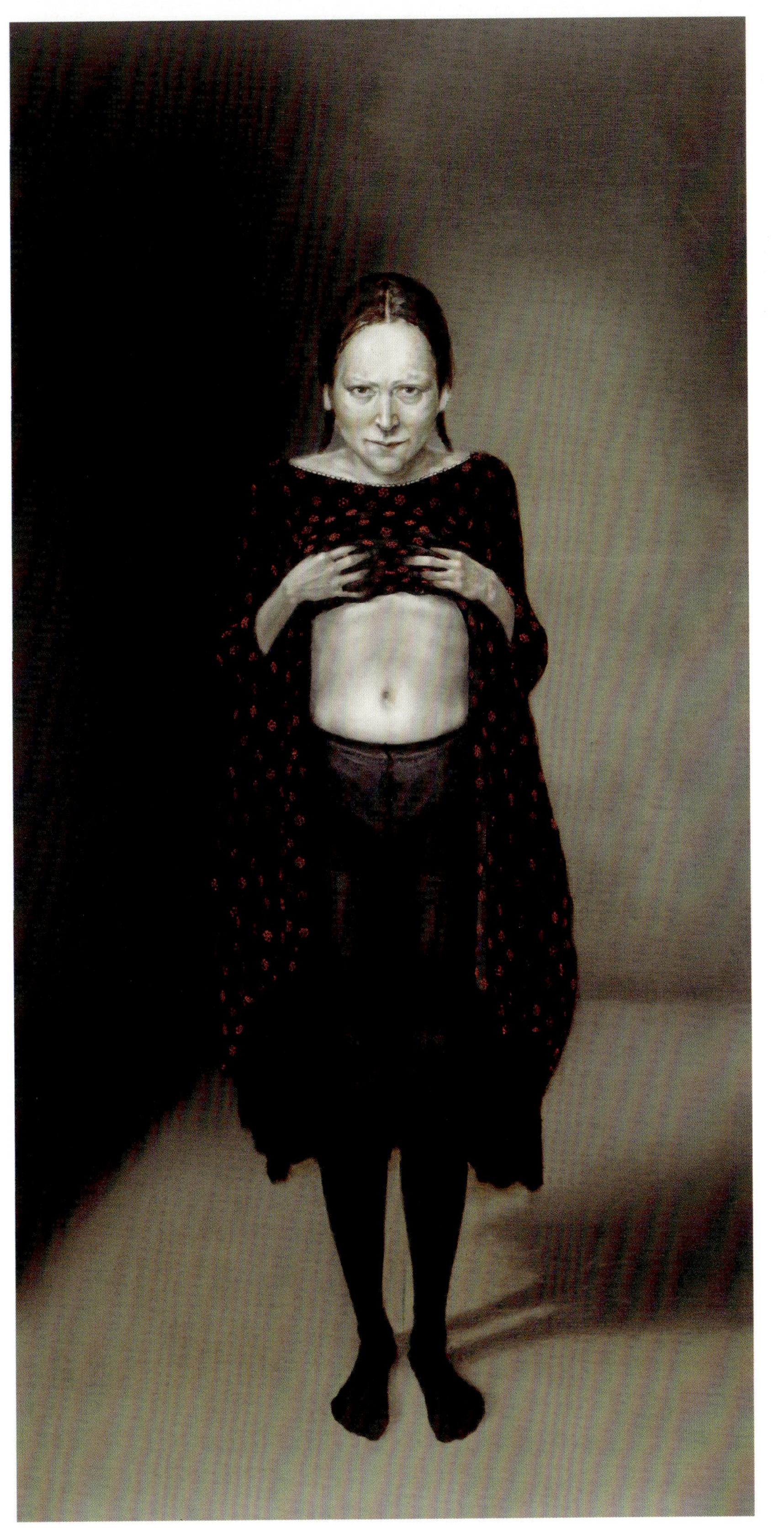

Il cielo nero
conteneva
tutte le conchiglie possibili
anche quelle estinte
con spire che si allargano
e si allungano
Seguendo
poche leggi matematiche
Affezionate
a piccole zone vuote
dove il possibile
è più grande del reale
e la natura
non ha ancora fatto tutto
Il nero cielo nero
il possibile adiacente
L'infinito della mia distrazione

The black sky
harbored
all the possible seashells
even the extinct ones
with coils that flare out
and lengthen
Following
few mathematical laws
Fond of
small empty areas
where the potential
is wider than the real
and nature
hasn't done all yet
The raven black sky
the possible adjacent
The infinite of my inattention

**Una testa mozzata
non ha alcun valore apparente**

**A severed head
has no apparent value to anyone**

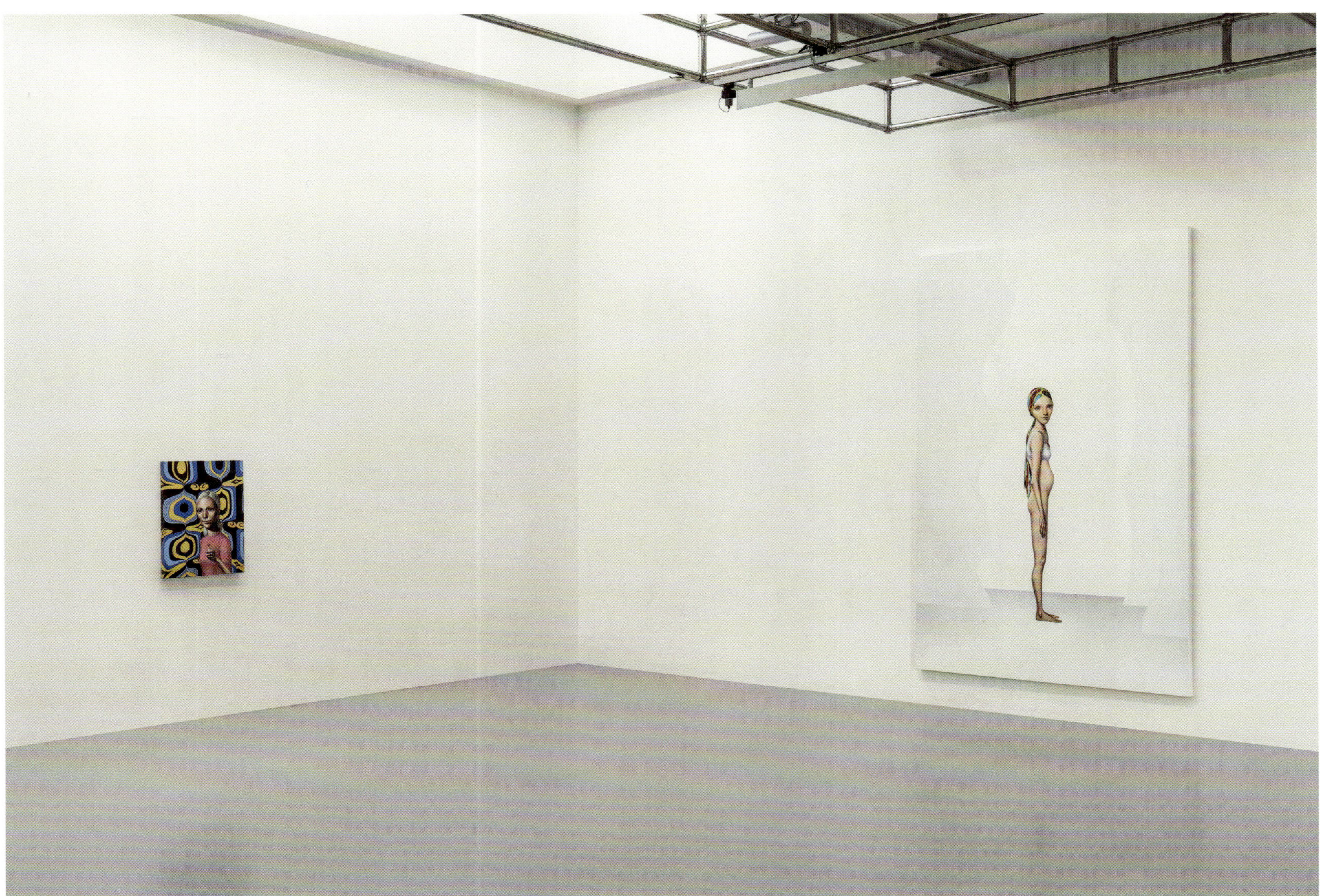

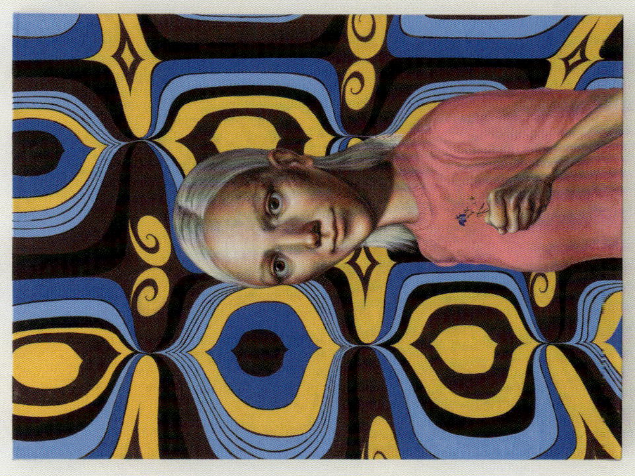

*Margherita Manzelli. Le Signorine,*
**2024**
**Veduta dell'allestimento con /**
**Installation view with**
*La Notte*, **2009**
*Unità di pressione – L'inferno in me*,
**2011–12**

*La Notte*, **2009**

*La Notte*, **2009**

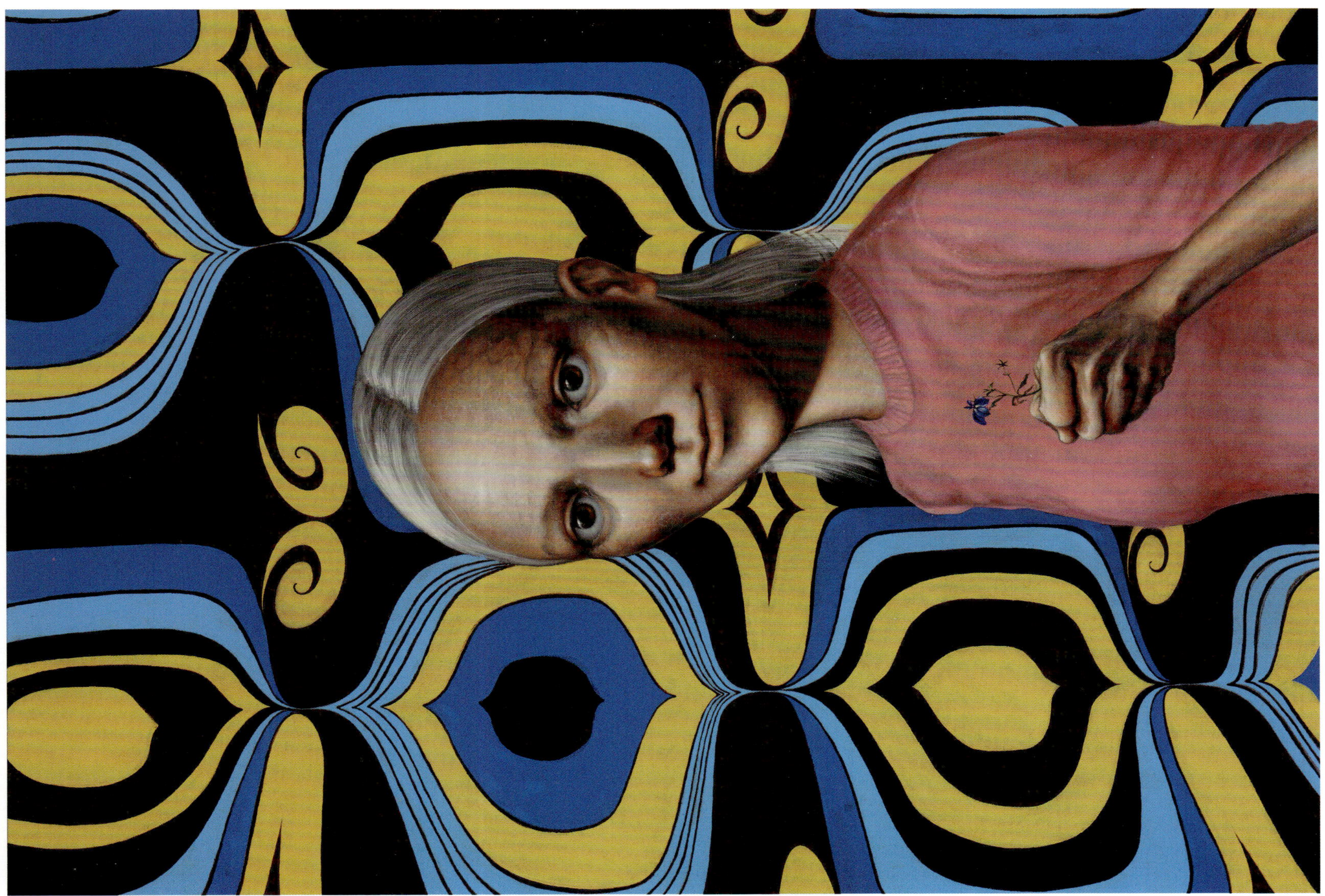

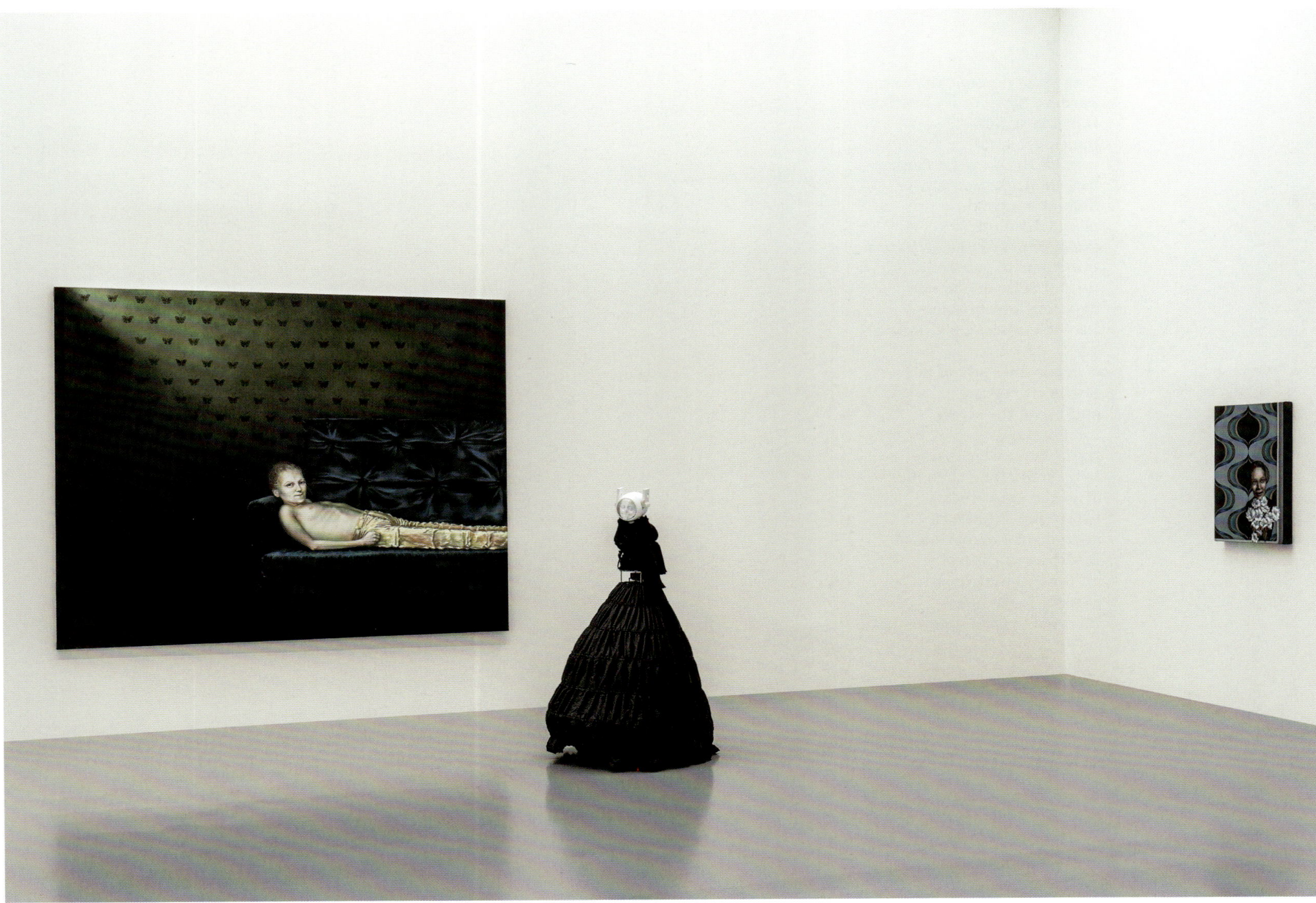

Uno stato perenne di horror
perdere tutto
finire in strada
malessere totale
cercare di rompersi dentro
fare qualcosa poi morire
dopo il naufragio
prima del naufragio
atteggiamento di usurpazione
esibizione di controllo
tutto il male del mondo
disattenzione cronica
La sua immensa solitudine

A perpetual state of horror
losing everything
end up on the street
total malaise
trying to shatter inside
to do something then die
after the shipwreck
before the shipwreck
attitude of usurpation
assertion of control
all the evil in the world
chronic inattention
Its immense loneliness

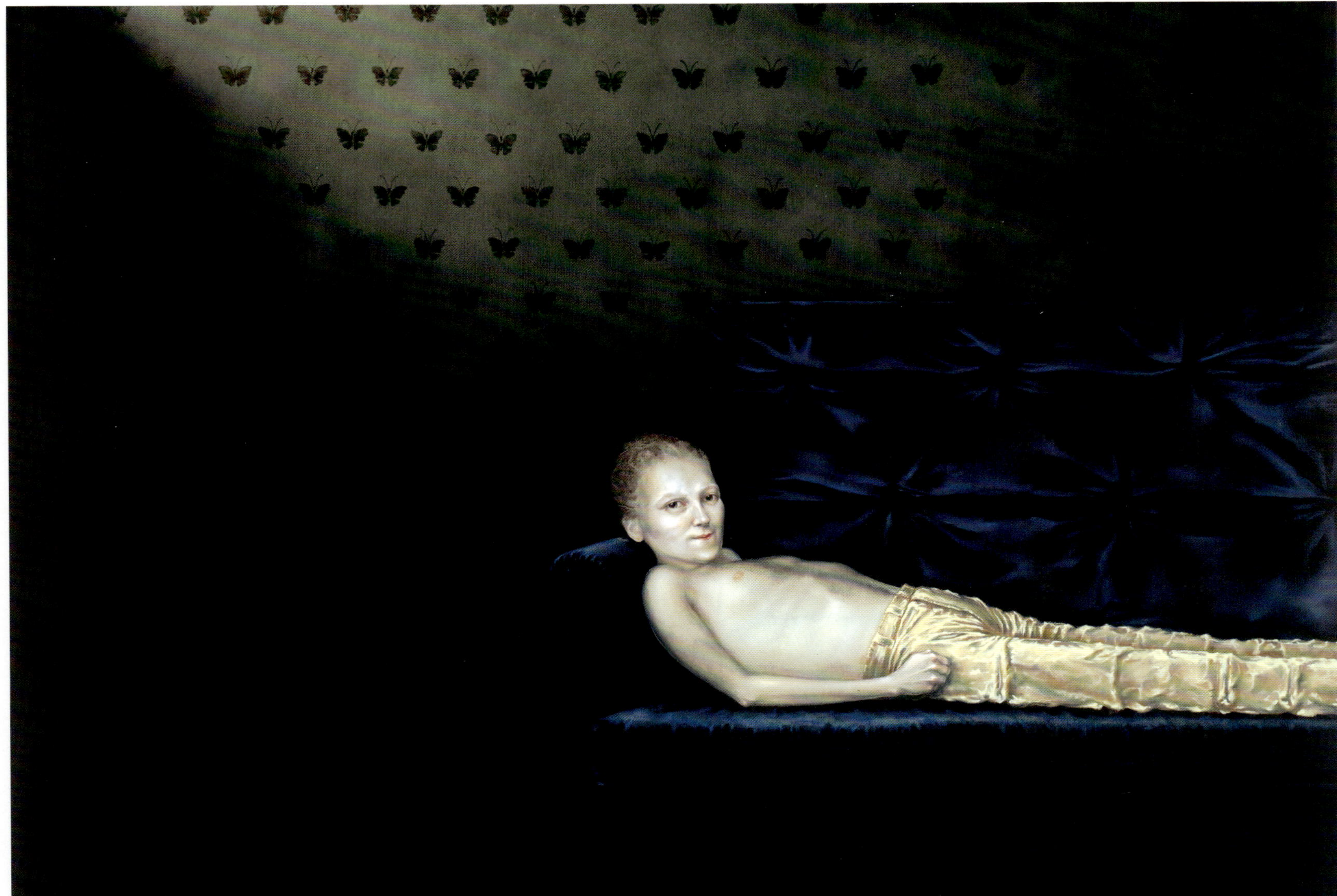

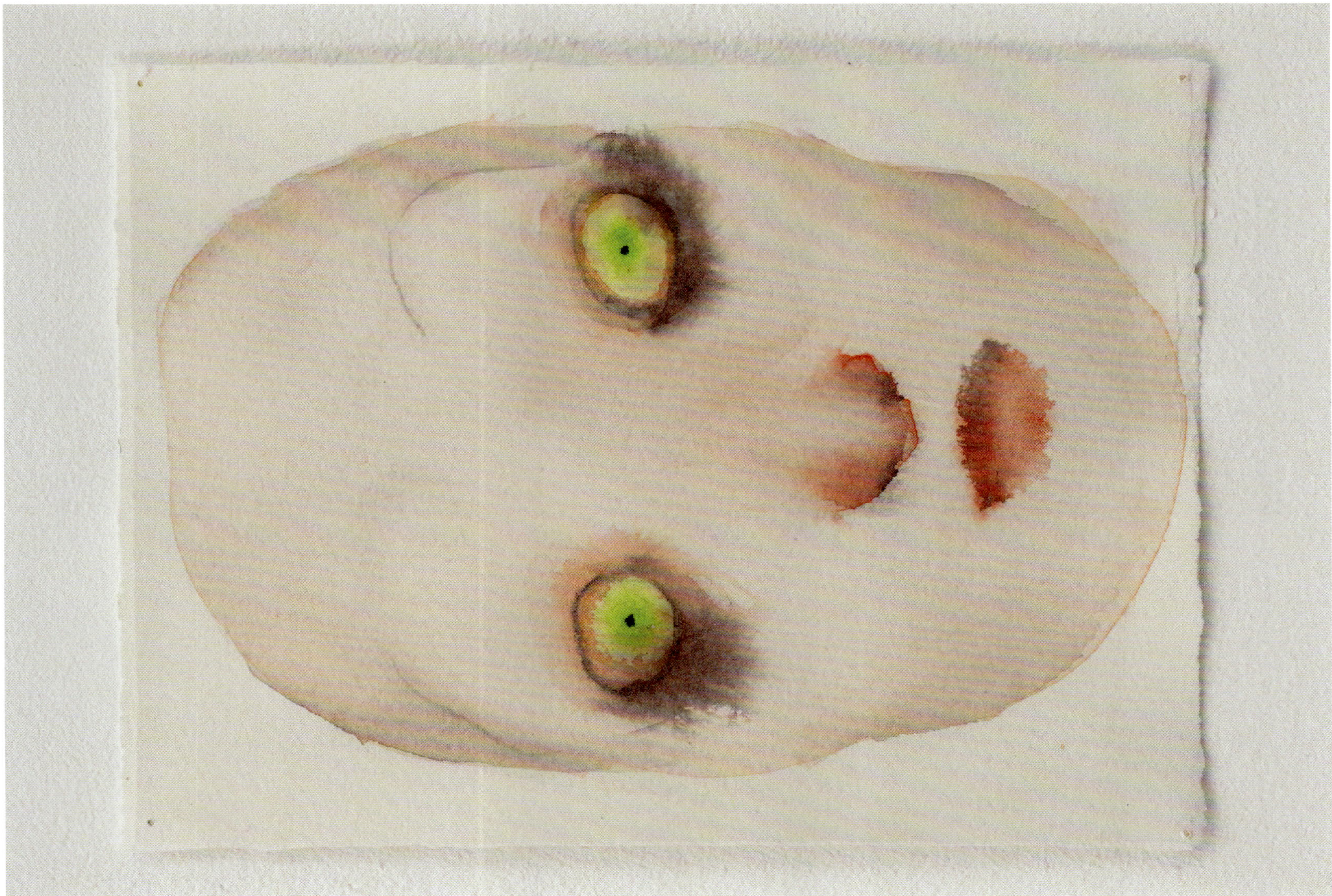

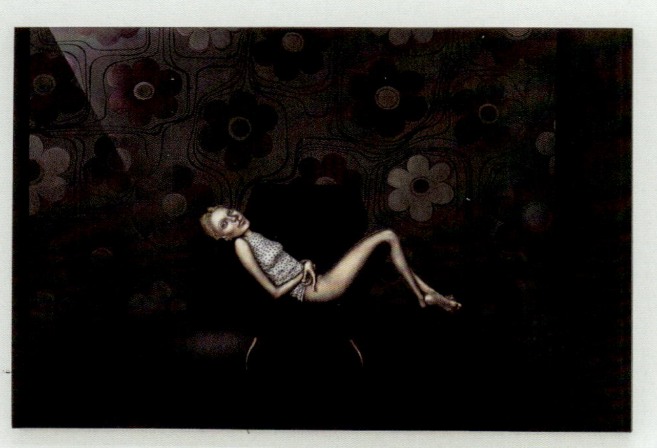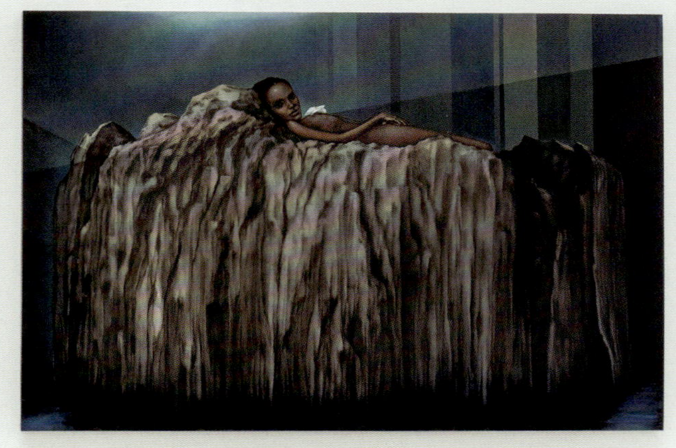

*Margherita Manzelli. Le Signorine,*
**2024**
**Veduta dell'allestimento con /
Installation view with**
*Definitivamente entrata – corpo
celeste,* **1998**
*Mercedes,* **robot-poeta dall'azione /
robot-poet from the action:** *Sistemi
di Credenza – Mercedes,* **2024–25**



*Definitivamente entrata – corpo
celeste,* **1998**



*Untitled (single E),* **2001**



*Margherita Manzelli. Le Signorine,*
**2024**
**Veduta dell'allestimento con /
Installation view with**
*Il legame e la legge,* **2013**
*Senza fine,* **2023**

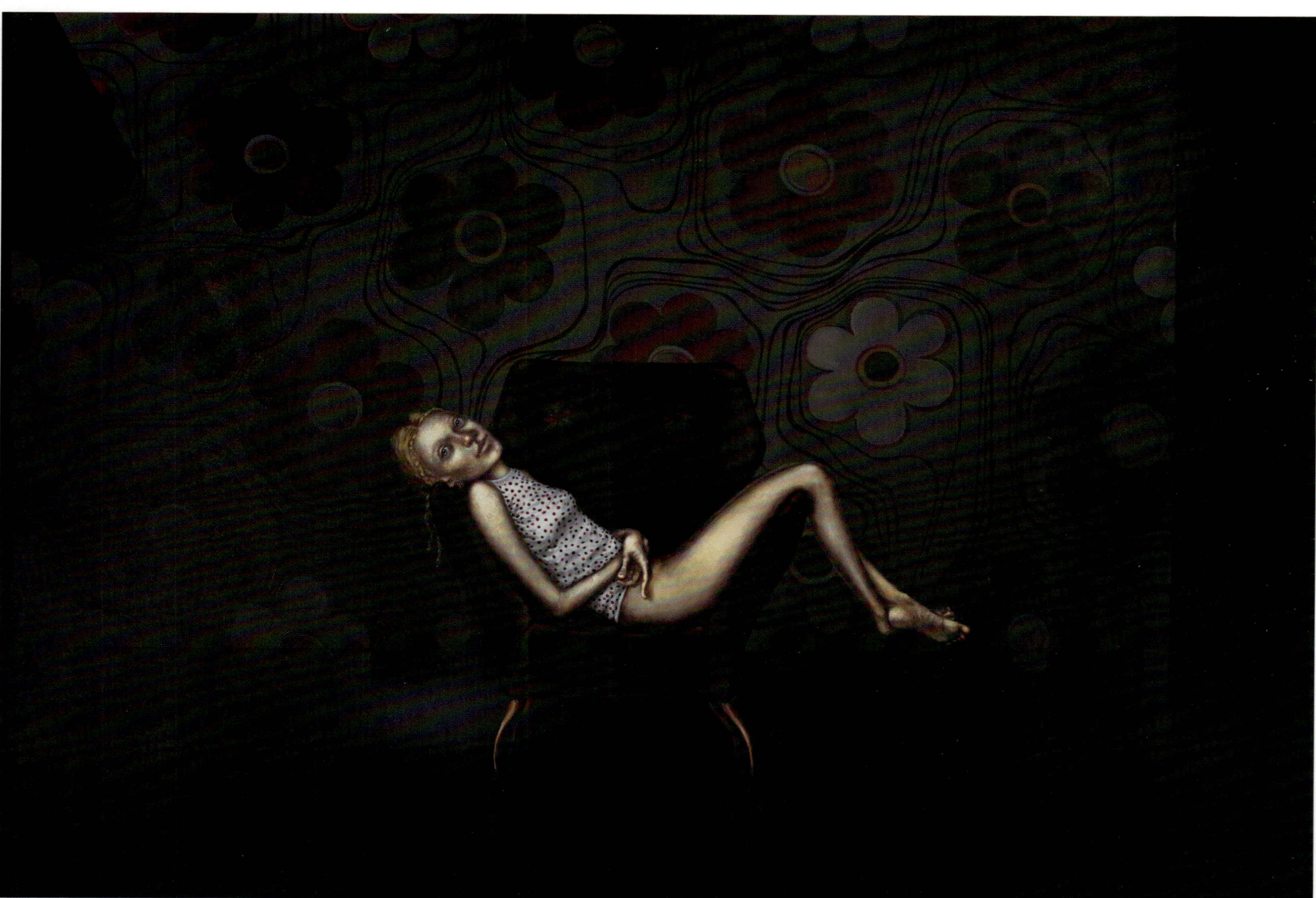

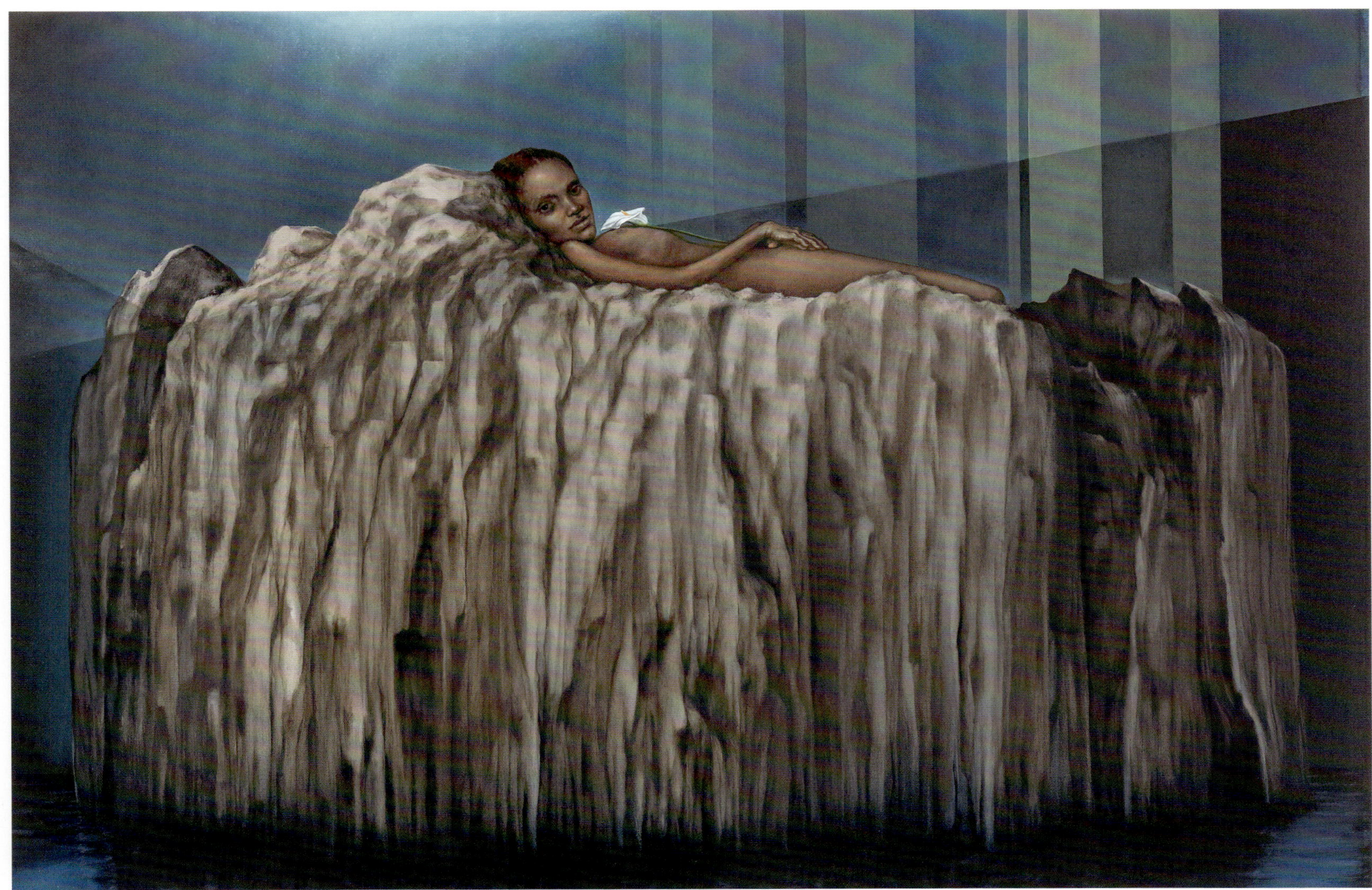

**Disagio fantascientifico**
**Cavalli nascosti**
**Abbiamo sbiancato Puškin**
**E il mondo non è nostro**

**Science fiction distress**
**Hidden horses**
**We even bleached Puškin**
**And yet the world is not ours**

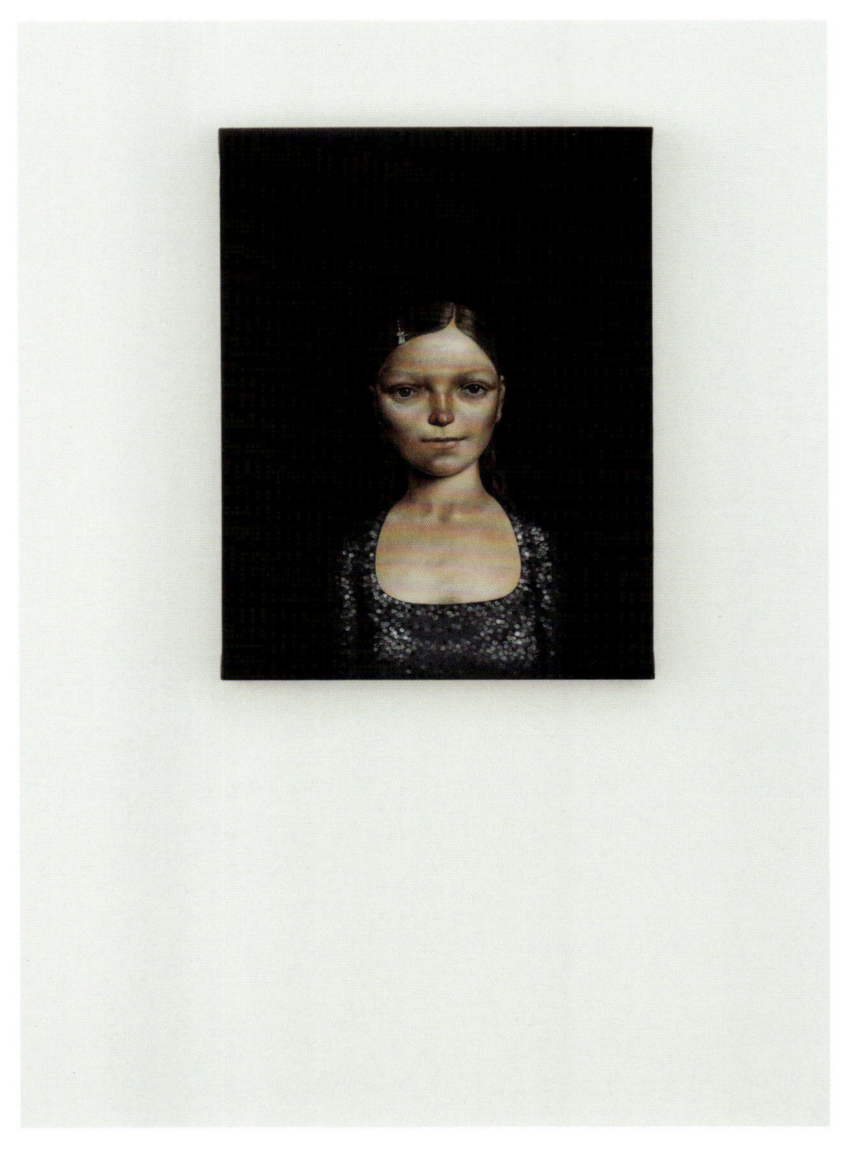

*Il legame e la legge*, 2013

*Senza fine*, 2023

*White Spirit*, 2012

*White Spirit*, 2012

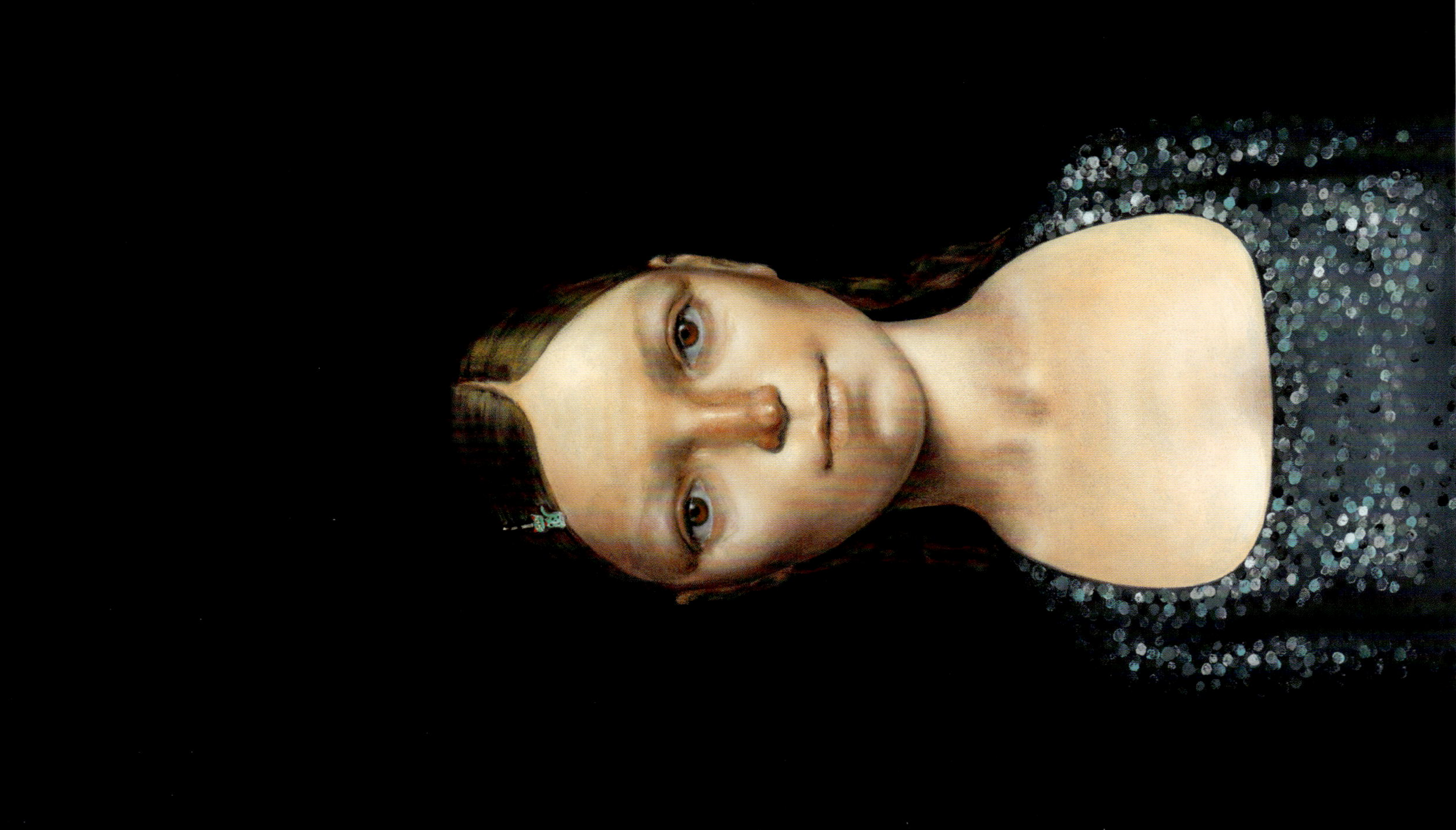

Tormento dell'aria
zampette orribili
eppure il cielo
si schiude per te
Un misto di musica
e tempo forato
che nella mia lingua
non esiste che in te
È un fatto d'ali
e vince su tutto
sobbalzi lontana
e dilegui anche se
leggera Flutur
da ora e per sempre
io dovrò vivere
anche senza di te

You torment the air
hideous thin legs
yet the vast  sky
unfolds just for you
A mixture of music
and pierced time
that lives in my language
just only through you
It's a matter of of wings
and that conquers all
you flutter away
and it's all you can do
weightless Flutur
even without you
for now and forever
I will have to make do

**Cicatrici cicatrici
scellerate
laboriose genitrici**

**Scarring scars
wicked
busy
parent stars**

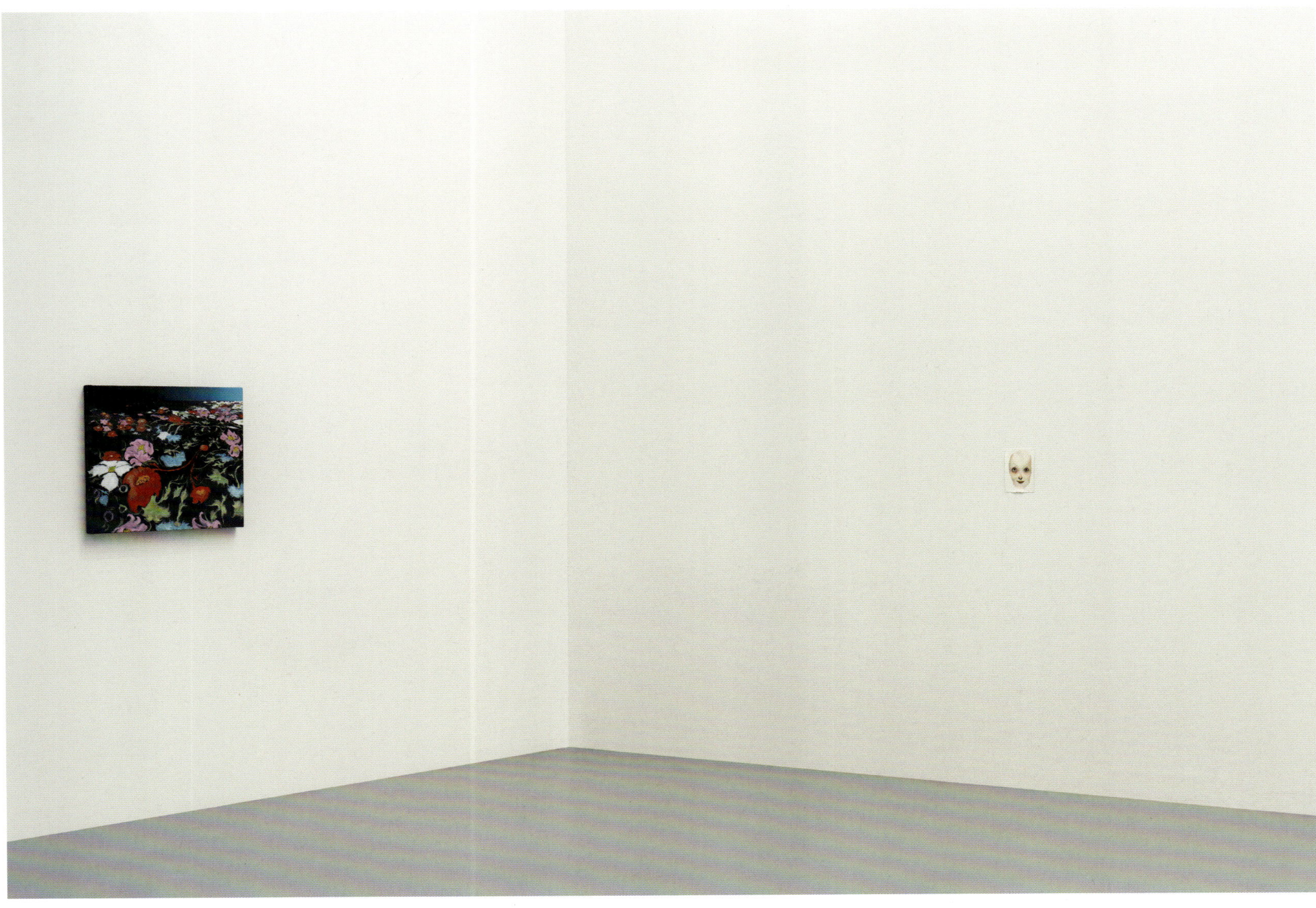

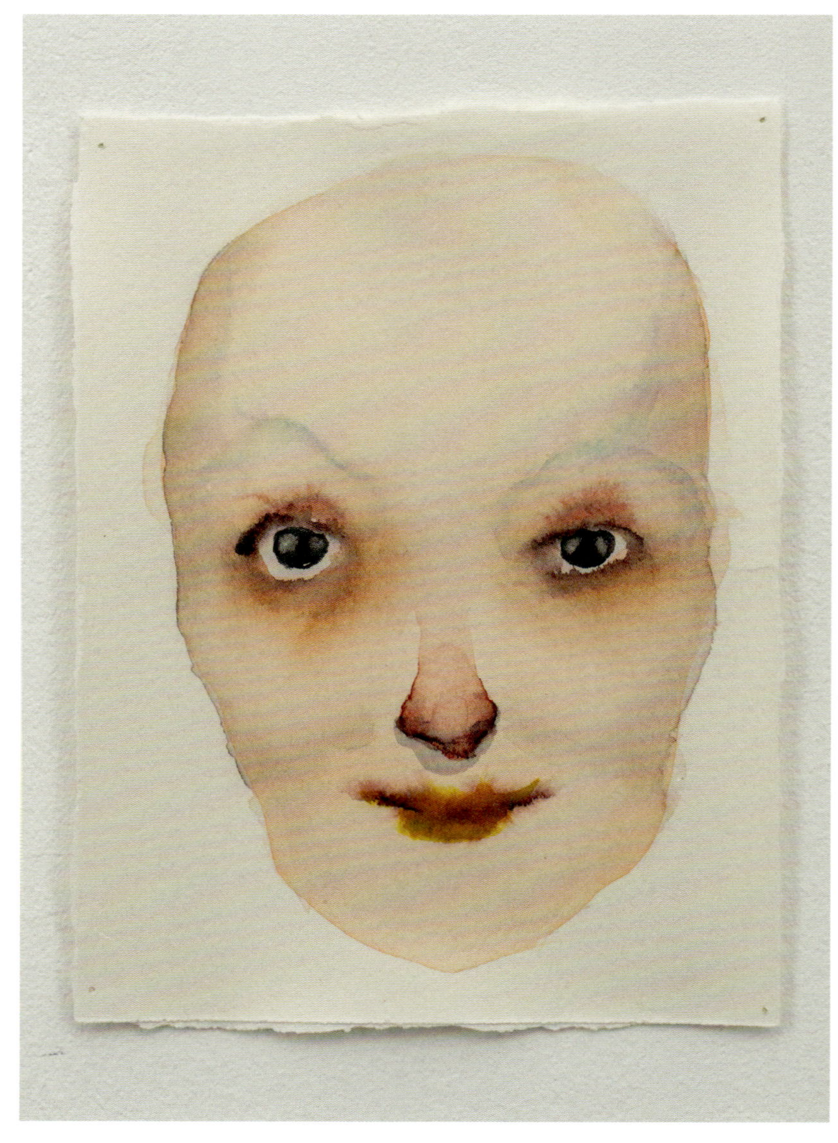

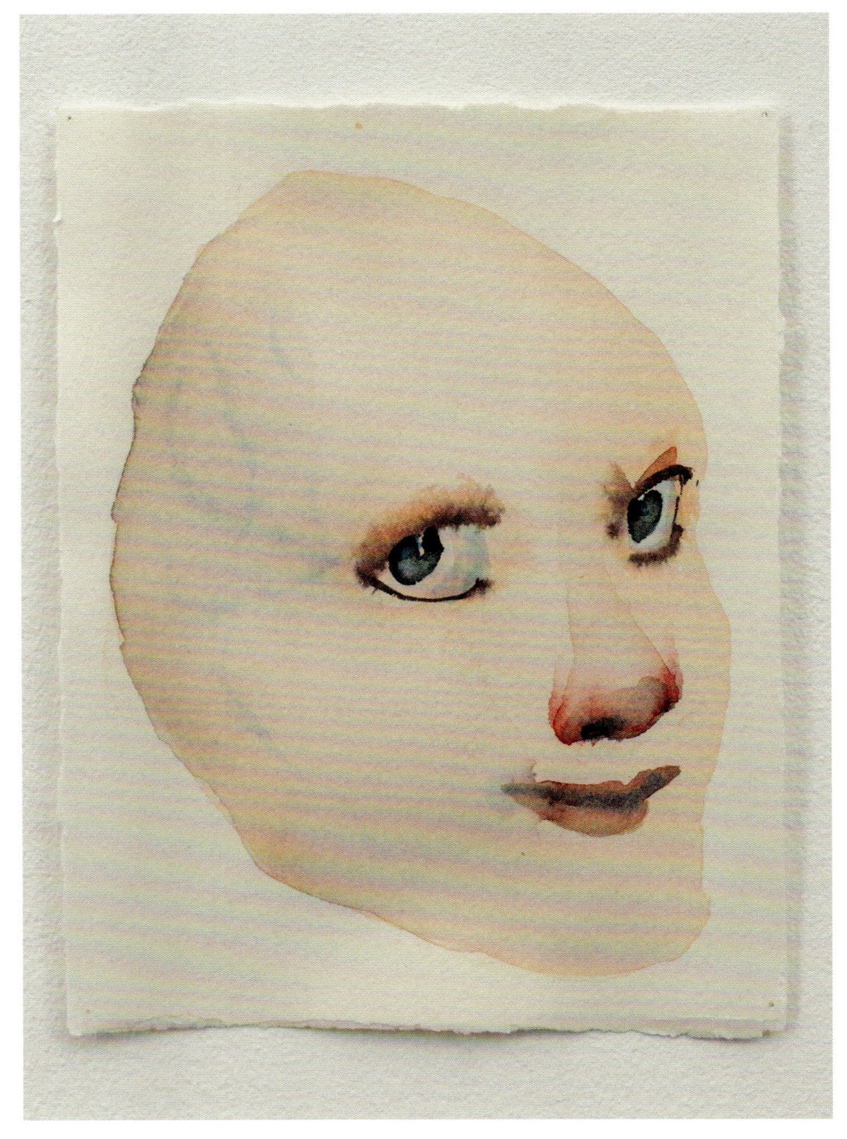

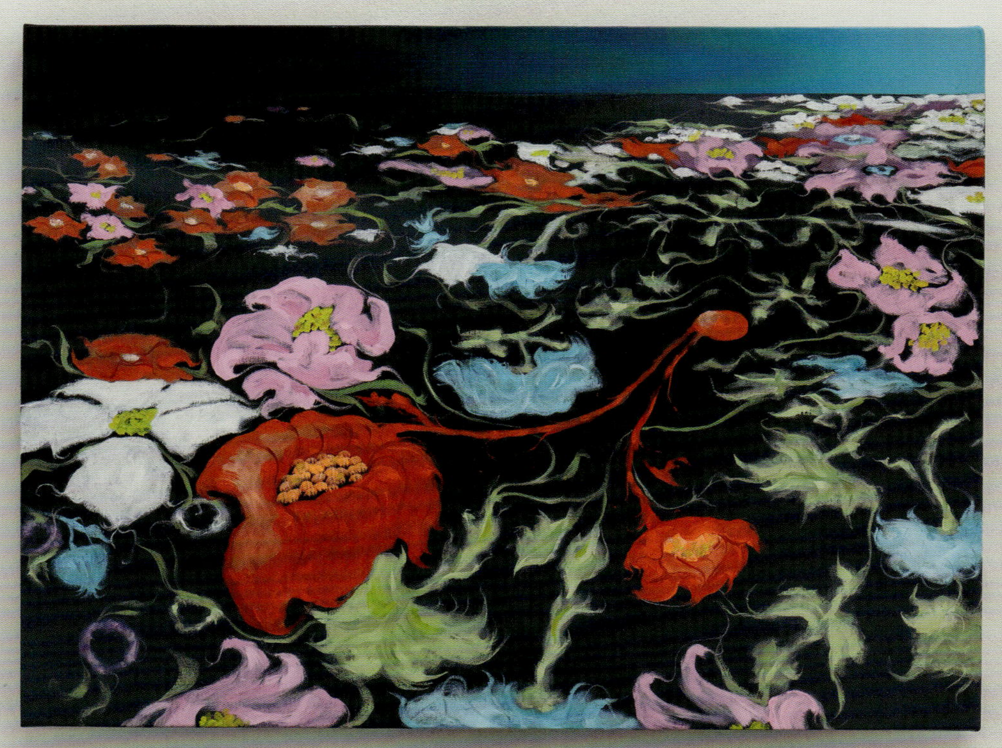

*Margherita Manzelli. Le Signorine,*
**2024**
**Veduta dell'allestimento con /
Installation view with**
*Sulla Terra,* **2011–12**
*Untitled (single G),* **2001**

*Untitled (single G),* **2001**

*Untitled (single F),* **2001**

*Sulla Terra,* **2011–12**

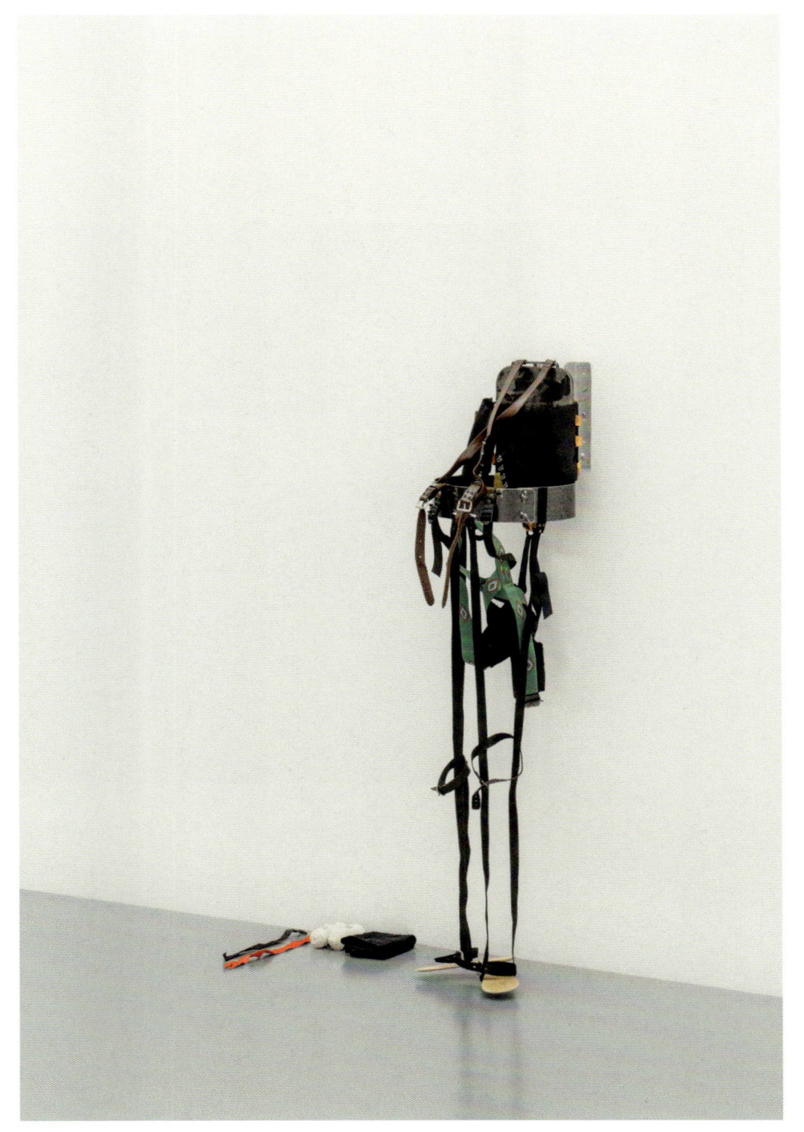

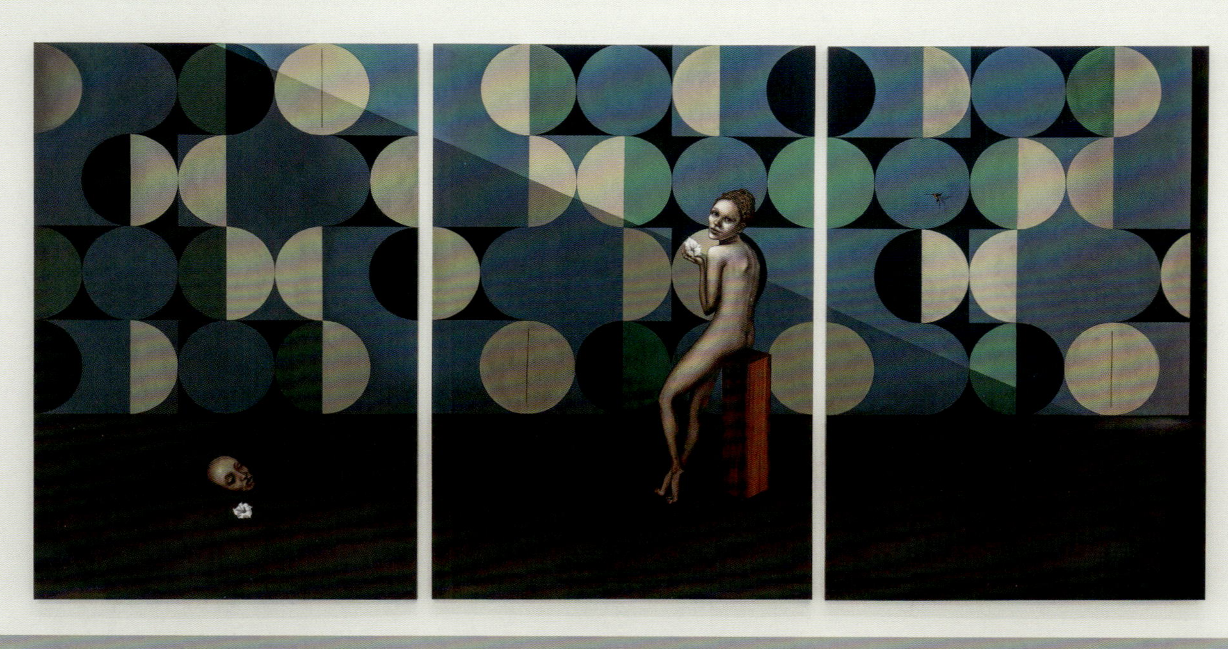

Abbiamo usato
Le prime parole
Le più intelligenti
Idiote che mai
E stratificato
La sfilza finale
La lieta scrittura
Dei nostri fantasmi
Simpatici suoni
A trasfigurare
L'insignificante
Cresciuto antico
Sole sterminato


We have employed
The first few words
The most intelligent
The best idiots ever
And  well stratified
The final parade
The joyful handwriting
Of our haunted minds
Very nice sounds
To transfigurate
The truly insignificant
Born already ancient
Vast and enormous
Infinite Sun

*La vita felice*, 1996

*L'infinito della mia distrazione*, 2024

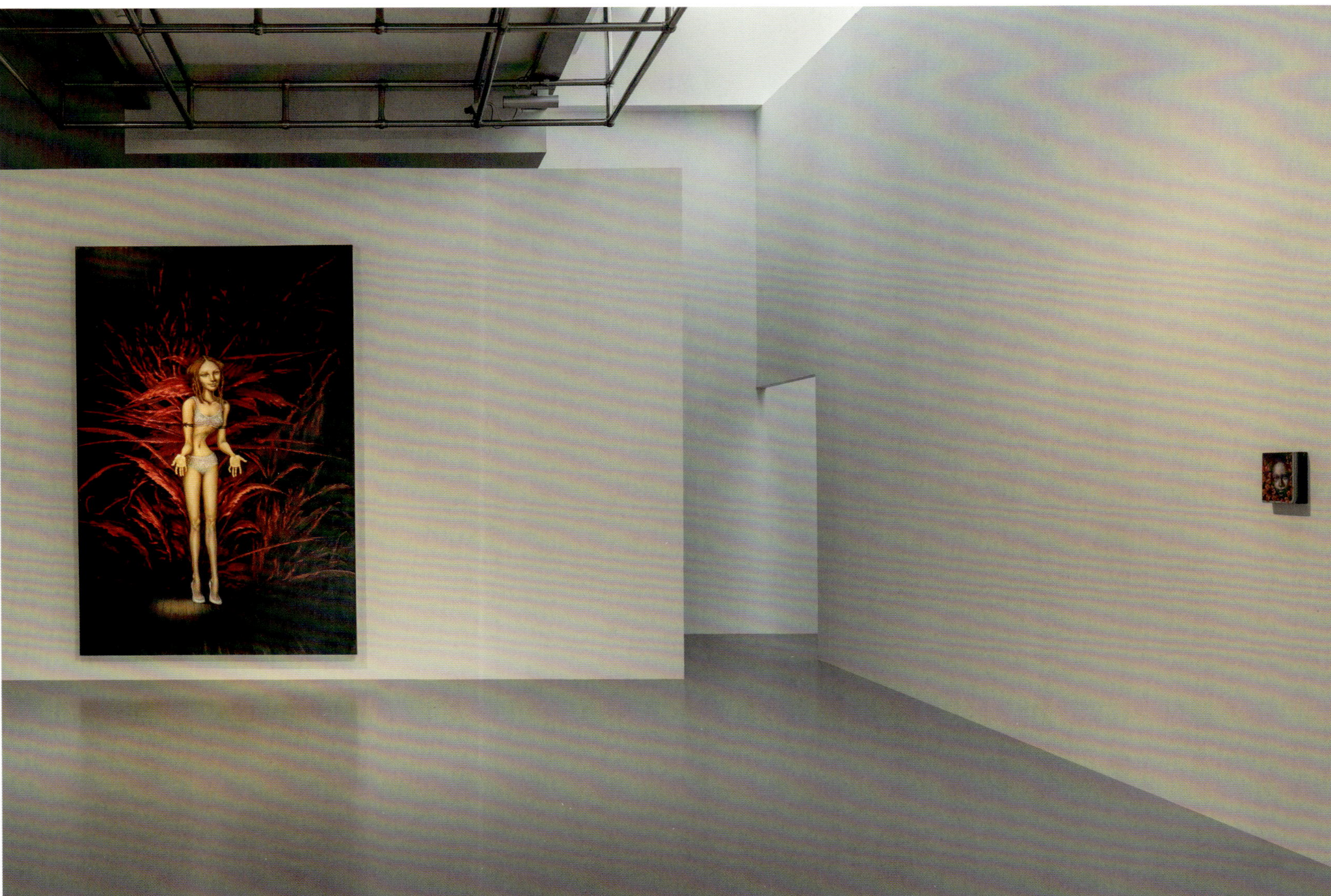

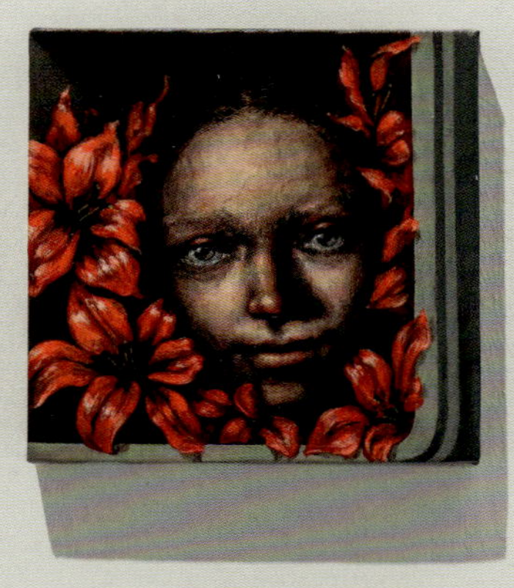

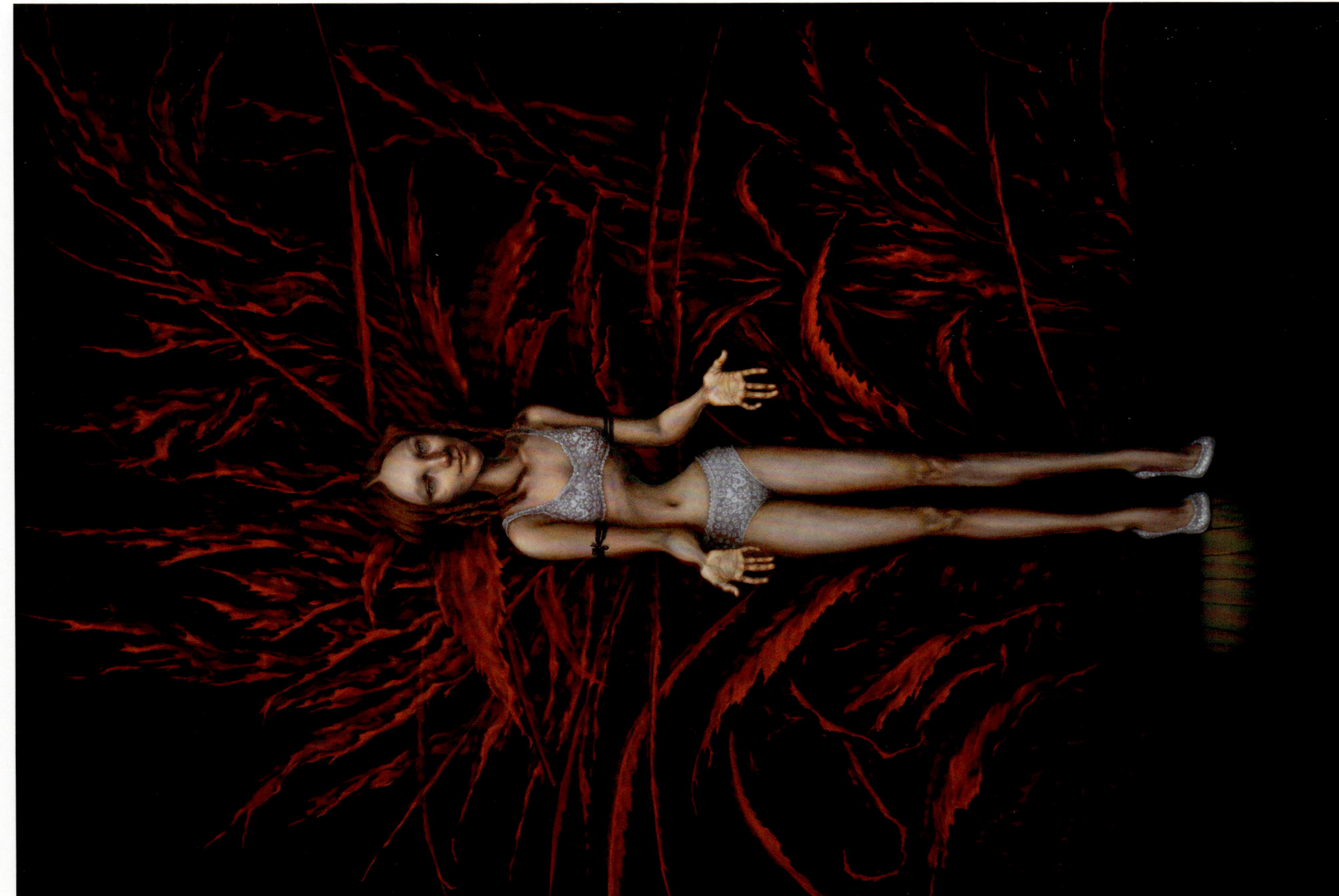

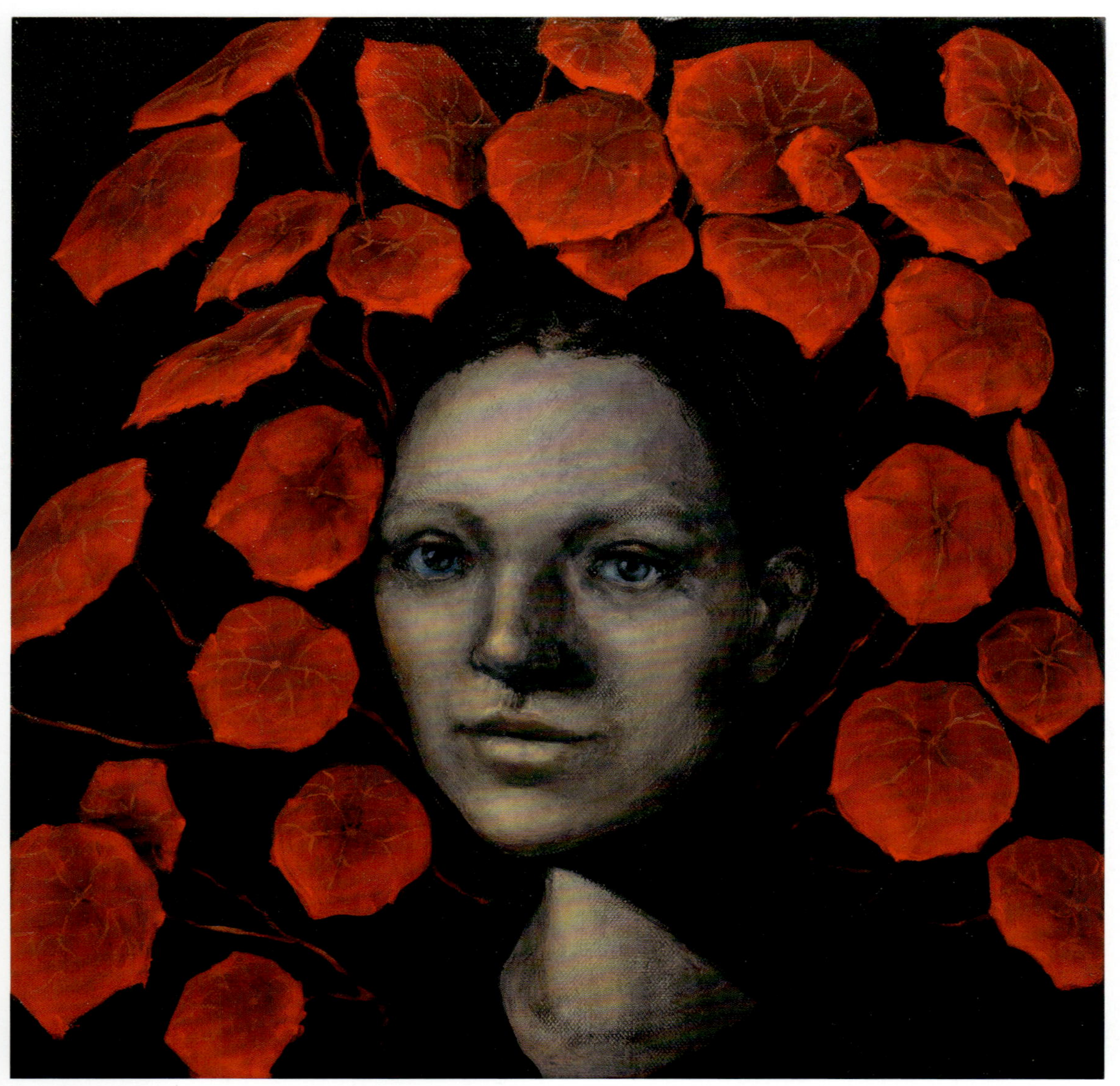

*Margherita Manzelli. Le Signorine,*
**2024**
**Veduta dell'allestimento con /**
**Installation view with**
*La logica dei corpi vivi – e dei corpi*
***morti**, 2018*
*La Notte*, **2024**

*La Notte*, **2024**

*La logica dei corpi vivi – e dei corpi*
***morti**, 2018*

*Tutti*, **2023**

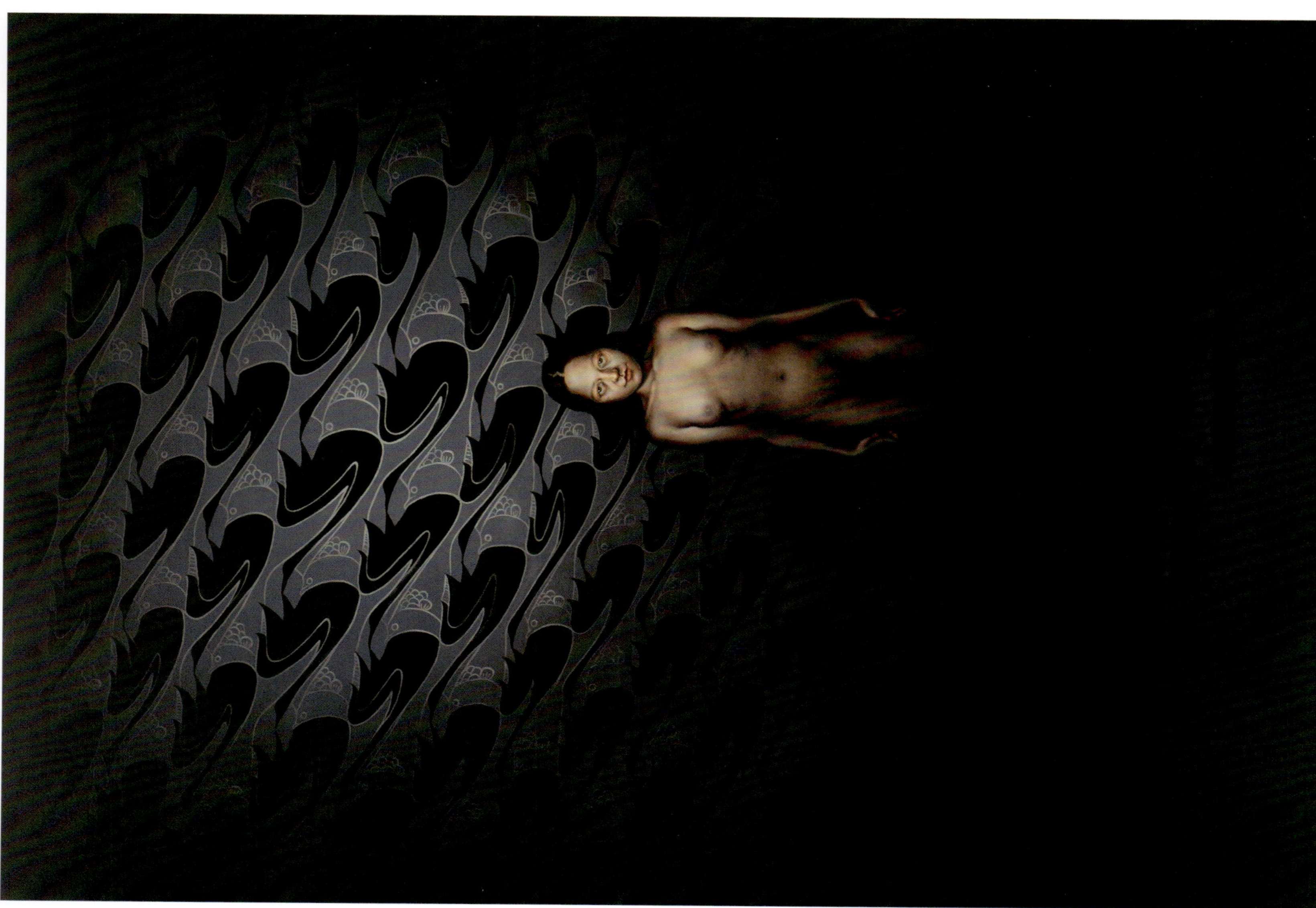

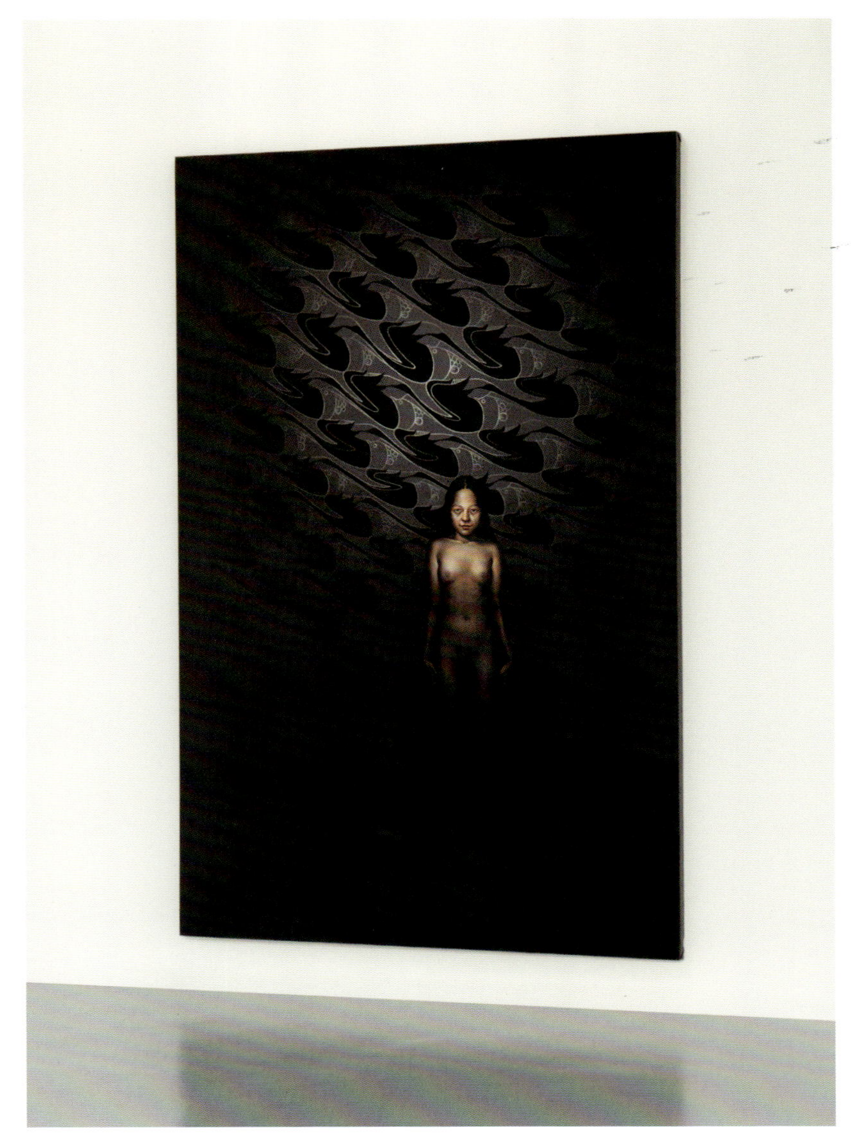

Il senso innato dell'esilio
umile utopia
di milioni di zanzare
che guidano bendate
dentro la mia solitudine

The inborn sense of exile
humble utopia
of millions of mosquitoes
that lead blindfolded
into my loneliness

**Dove sarete
quando io
non sarò più
Stupide stelle**

**Where will you be
when I
will be no more
Stupid stars**

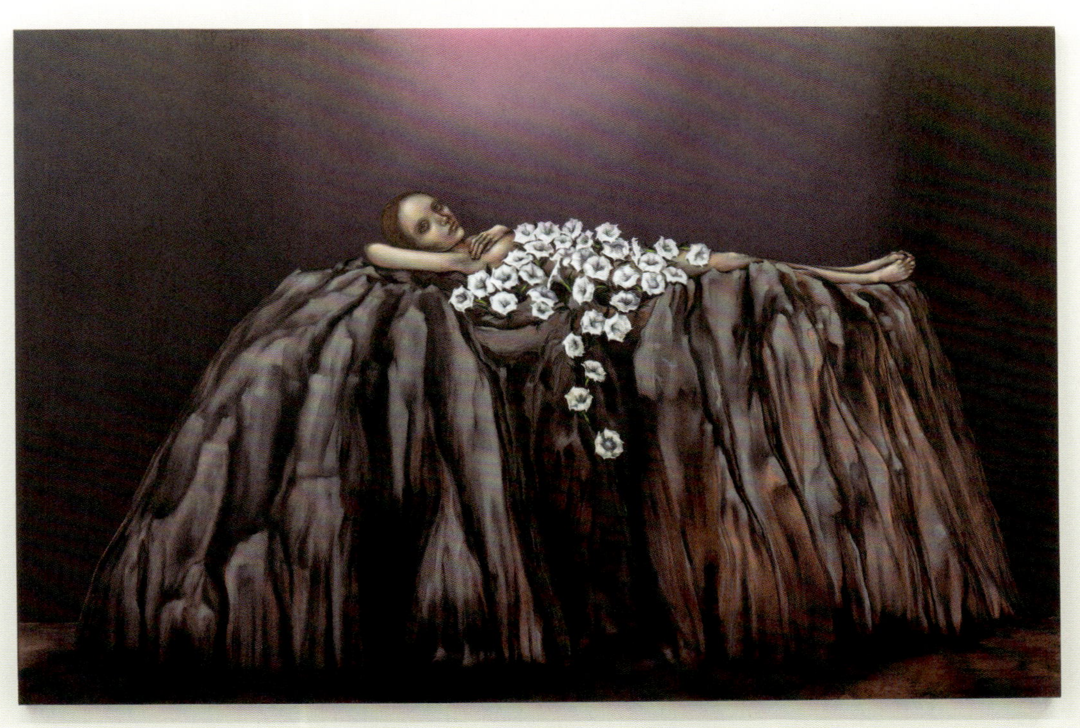

*Mr. Grigio*, 2003

*Mr. Grigio*, 2003

*Datura*, 2024

*Datura*, 2024 (dettaglio / detail)

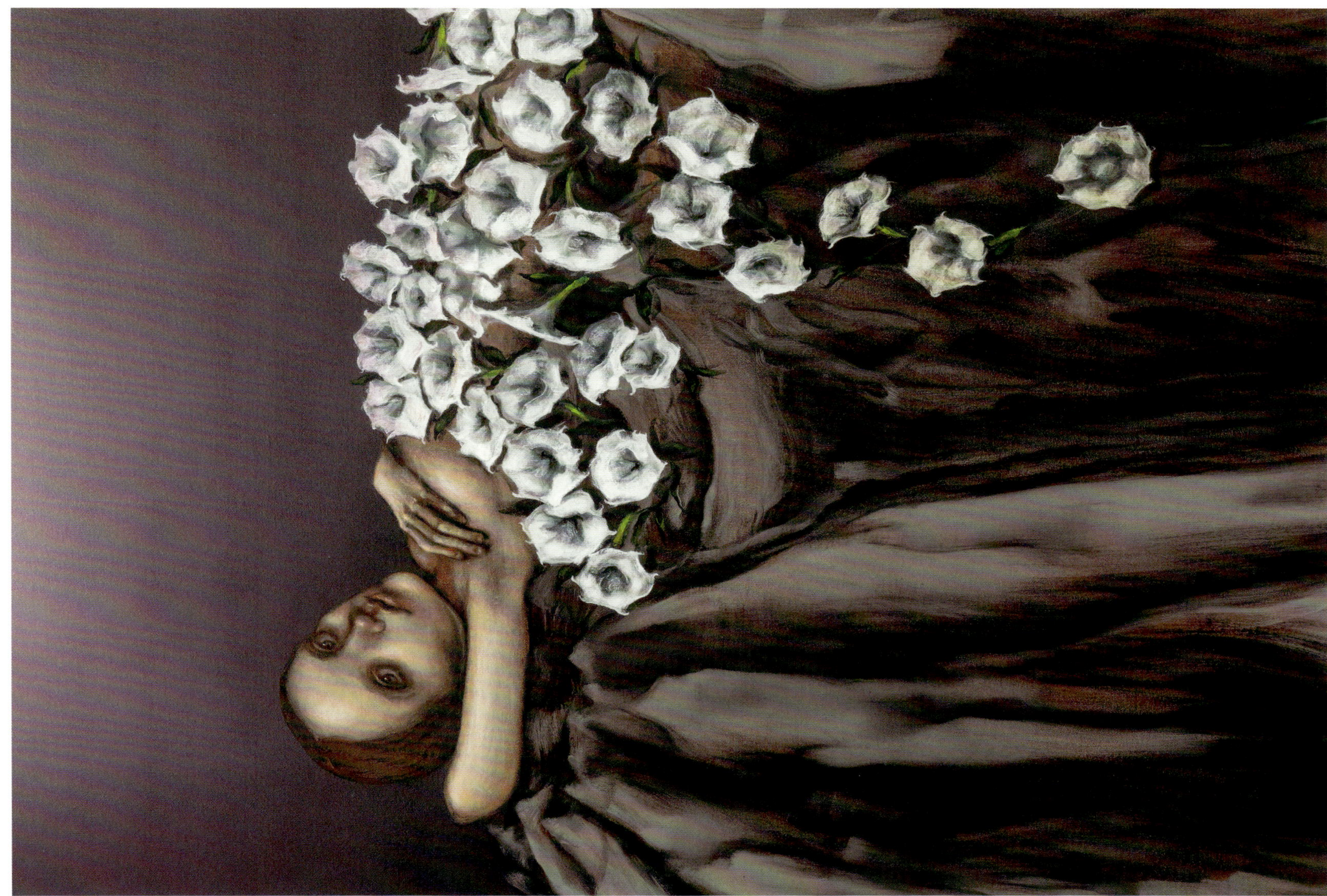

# Lavori in mostra / List of works

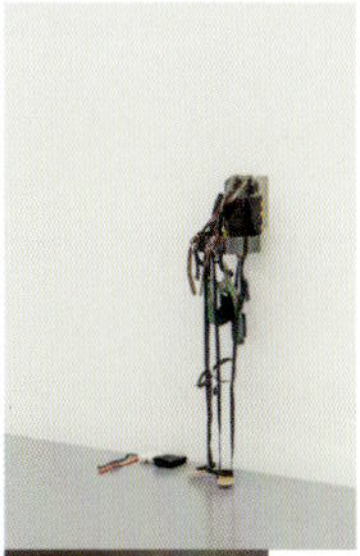

*La vita felice*, 1996
Tecnica mista, fotografia / Mixed media, photograph
Dimensioni variabili / Variable dimensions

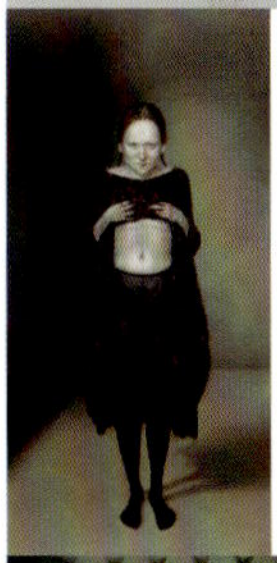

*La vita felice*, 1997
69, 75
Olio su tela / Oil on canvas
220 × 112 cm
Collezione privata / Private collection

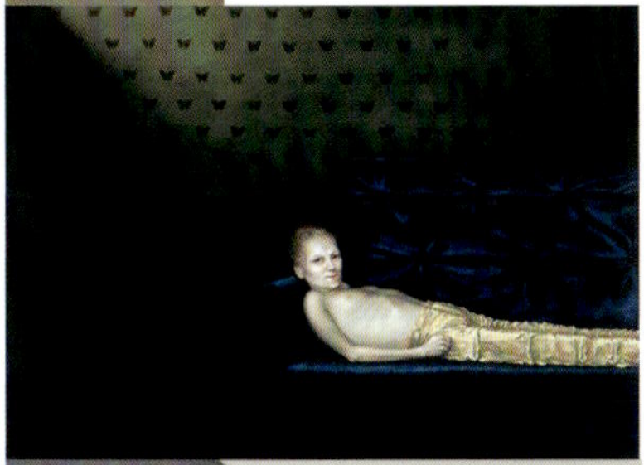

*Definitivamente entrata – corpo celeste*, 1998
85, 87
Olio su lino / Oil on linen
200 × 250 cm
Collezione privata, Londra / Private collection, London

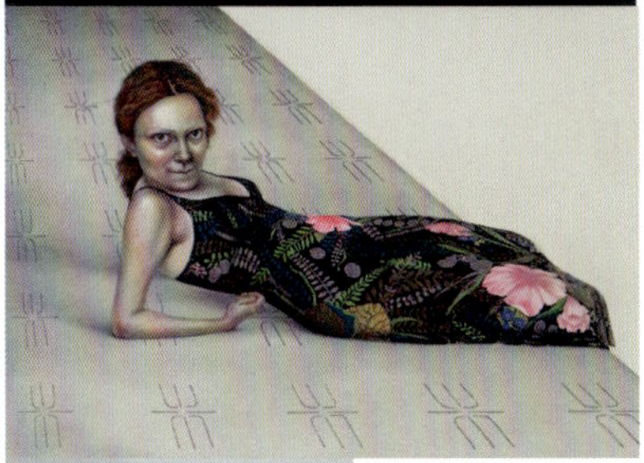

*Stillnox*, 1998
69, 70, 72
Olio su tela / Oil on canvas
90 × 212 cm
Collezione privata, Nizza / Private collection, Nice

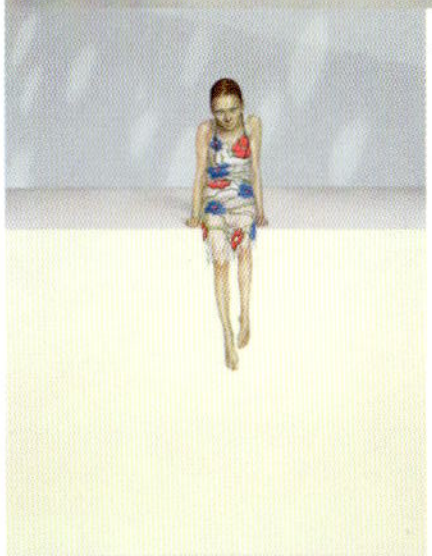

*Nottem*, 2000
69, 70, 71
Olio su tela / Oil on canvas
250 × 200
Collezione privata, Lesa / Private collection, Lesa

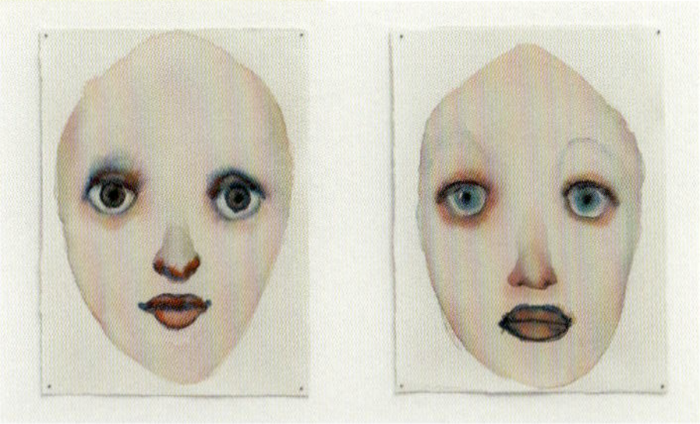

*Untitled (double J)*, 2001
55, 60
Acquerello su carta / Watercolor on paper
19 × 14 cm

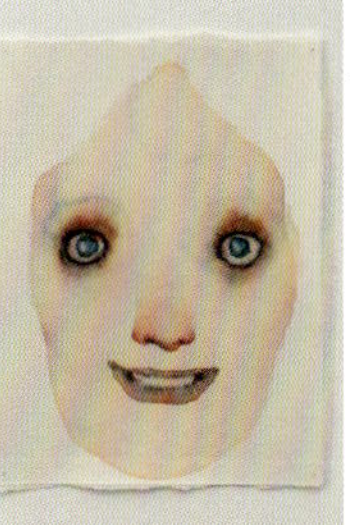

*Untitled (single B)*, 2001
Acquerello su carta / Watercolor on paper
19 × 14 cm

64, 69

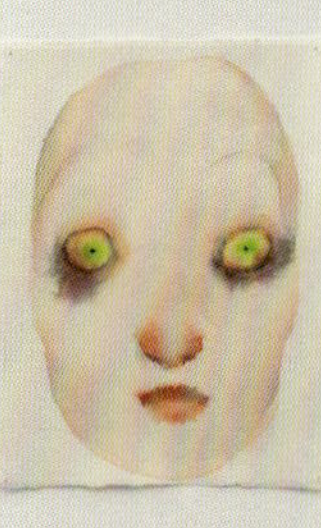

*Untitled (single E)*, 2001
Acquerello su carta / Watercolor on paper
19 × 14 cm

63

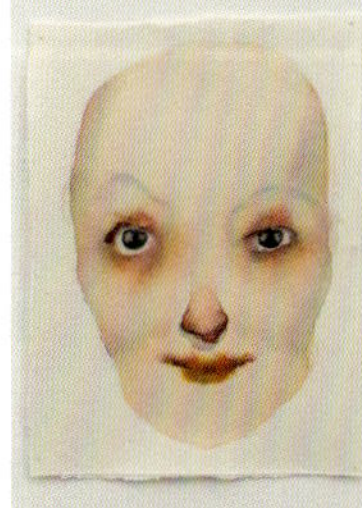

*Untitled (single G)*, 2001
Acquerello su carta / Watercolor on paper
19 × 14 cm

101, 102

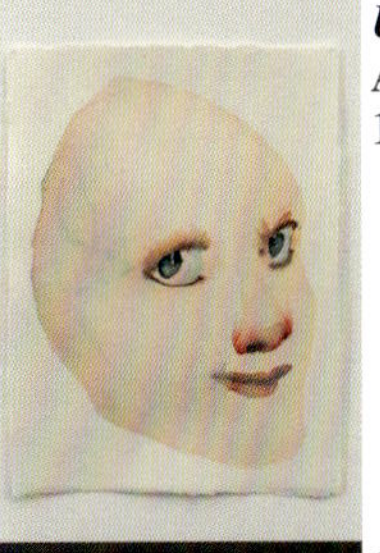

*Untitled (single F)*, 2001
Acquerello su carta / Watercolor on paper
19 × 14 cm

103

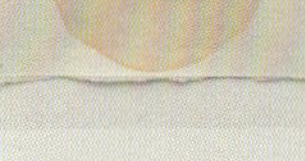

*Mr. Grigio*, 2003
Olio su lino / Oil on linen
300 × 200 cm
Collezione Maramotti, Reggio Emilia

118, 119

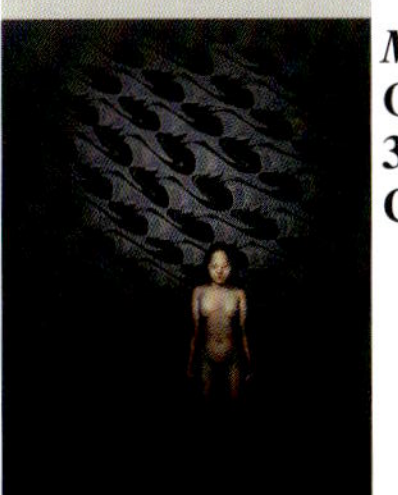

*La Notte*, 2009
Olio su lino / Oil on linen
80 × 60 cm
Collezione privata, Londra / Private collection,
London

79, 80, 83

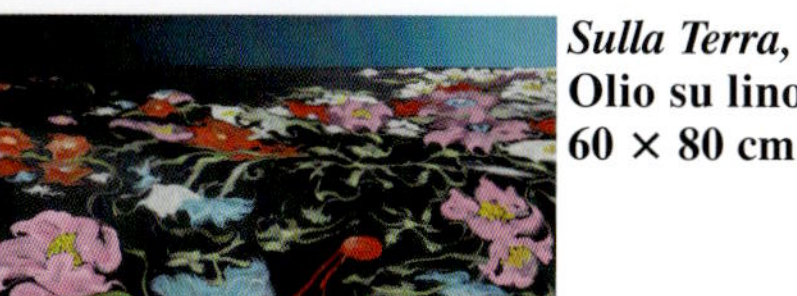

*Sulla Terra*, 2011–12
Olio su lino / Oil on linen
60 × 80 cm
101, 104

*Unità di pressione – L'inferno in me*, 2011–12
Olio su lino / Oil on linen
300 × 195 cm
Collezione privata, Londra / Private collection, London
55, 57, 79

*White Spirit*, 2012
Olio su lino / Oil on linen
80 × 60 cm
Collezione privata, Lesa / Private collection, Lesa
95, 97

*Il legame e la legge*, 2013
Olio su tela / Oil on canvas
200 × 300 cm
Collezione Maramotti, Reggio Emilia
90, 92

*La logica dei corpi vivi – e dei corpi morti*, 2018
Olio su tela / Oil on canvas
300 × 200 cm
Collezione Maramotti, Reggio Emilia
113, 115

*Senza fine*, 2023
Olio su tela / Oil on canvas
200 × 300 cm
90, 93

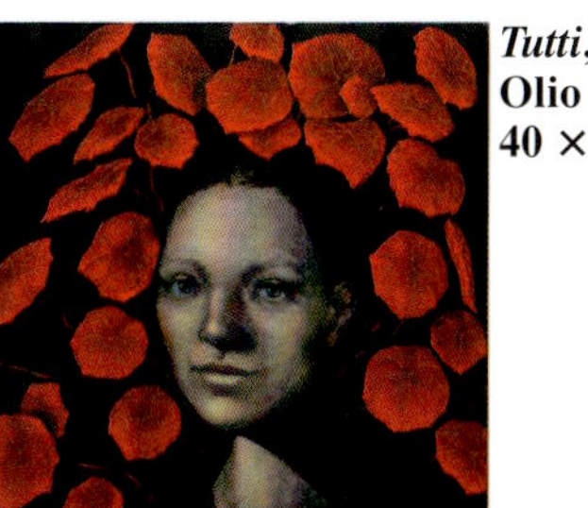

*Tutti*, 2023
Olio su tela / Oil on canvas
40 × 40 cm

116

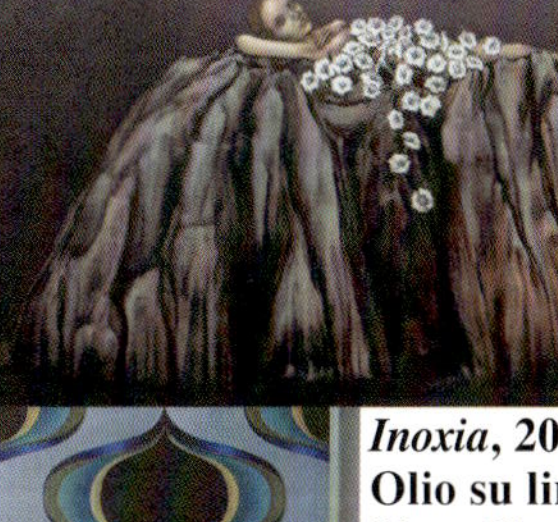

*Datura*, 2024
Olio su lino / Oil on linen
200 × 300 cm

123, 125

*Inoxia*, 2024
Olio su lino / Oil on linen
80 × 60 cm
Collezione privata, Massa / Private collection, Massa

55, 85, 89

*La Notte*, 2024
Olio su tela / Oil on canvas
20 × 20 cm
Collezione privata, Bagnacavallo / Private collection,
Bagnacavallo

110, 113, 114

*L'infinito della mia distrazione*, 2024
Olio su tela, tre parti / Oil on canvas, three
parts
300 × 600 cm

104

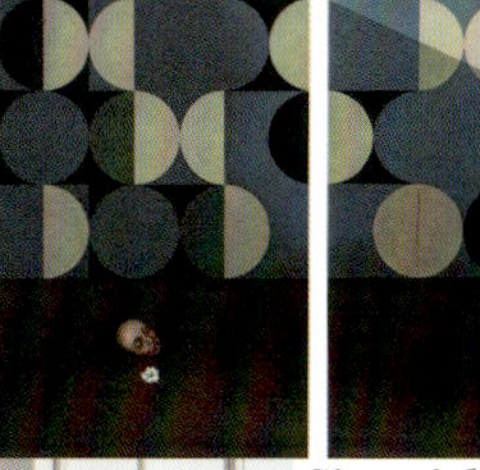

*Sistemi di Credenza – Mercedes, 2024 – 2025*
azione continua con robot, poesie, dipinti e persone / continuous action
with robots, poems, paintings, and people

58, 85

# Azioni / Actions 1994–2000

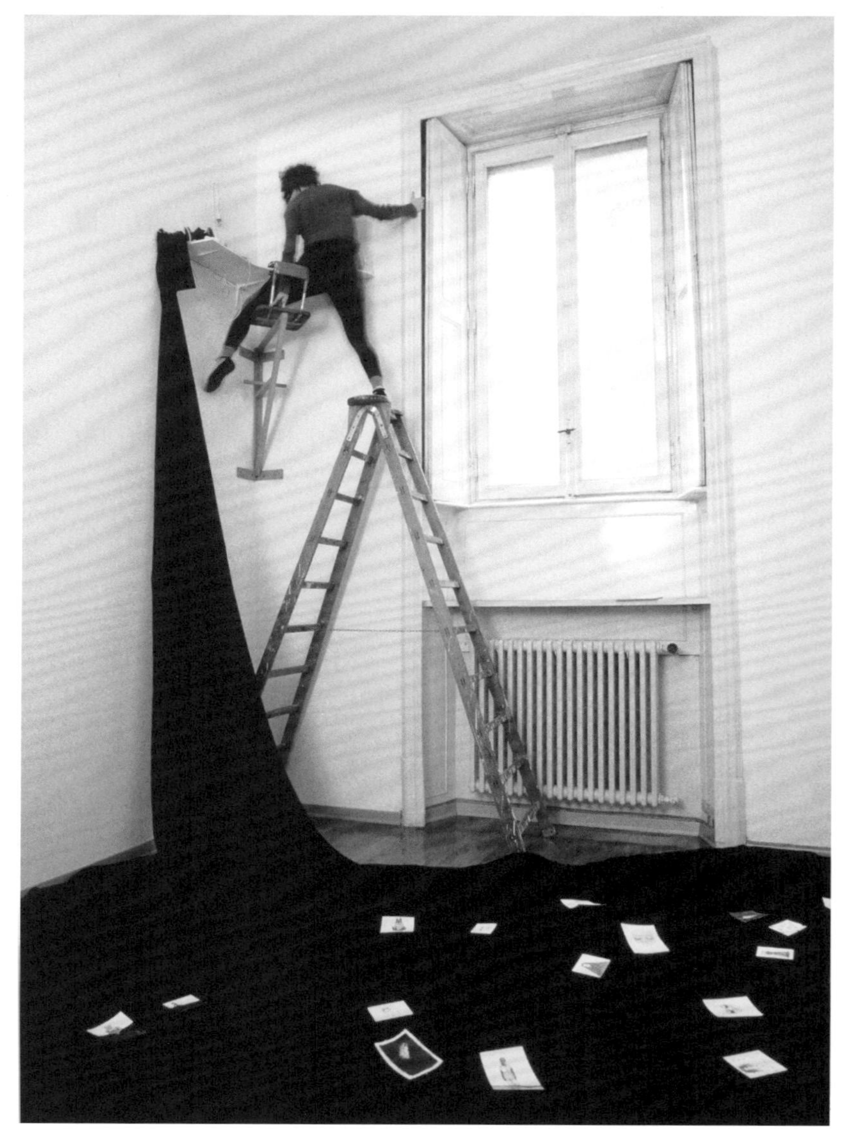

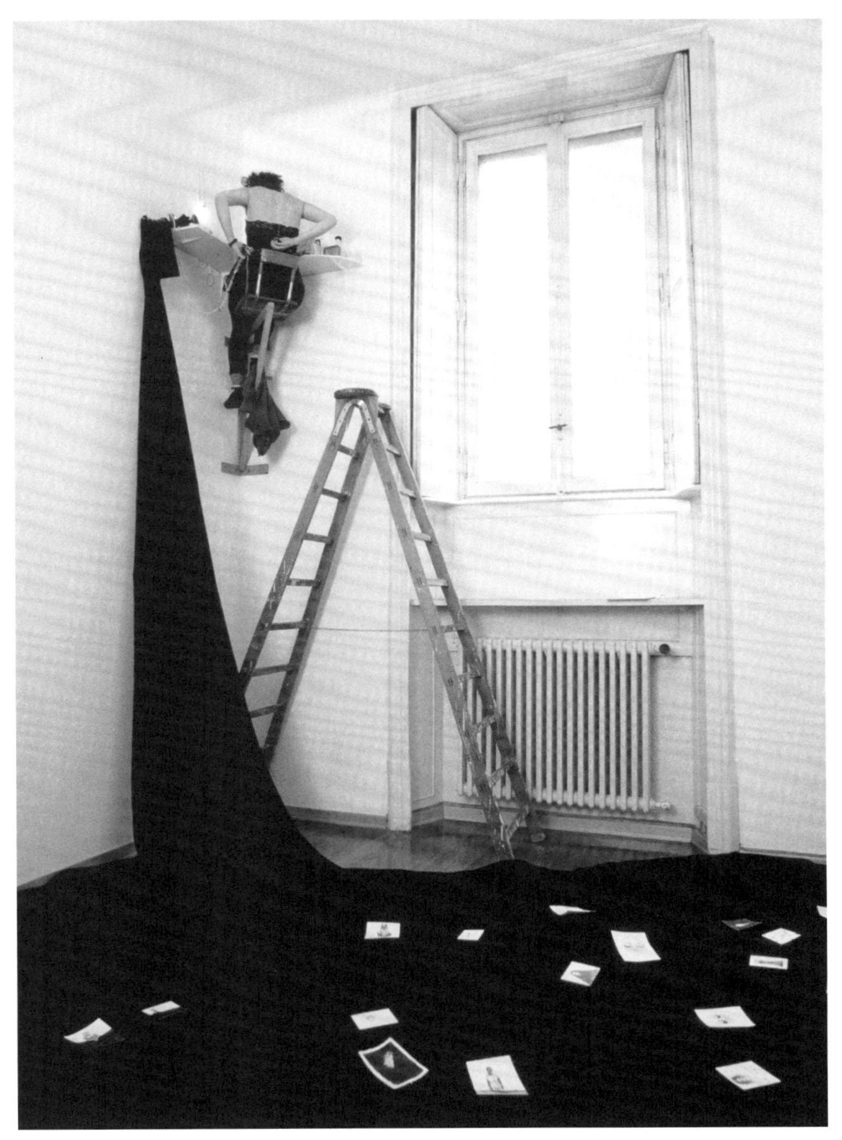

*Il fondo del mare-vulcano*, **1995**

*Il fondo del mare-vulcano*, **1995**

*Il fondo del mare-vulcano*, **1995**

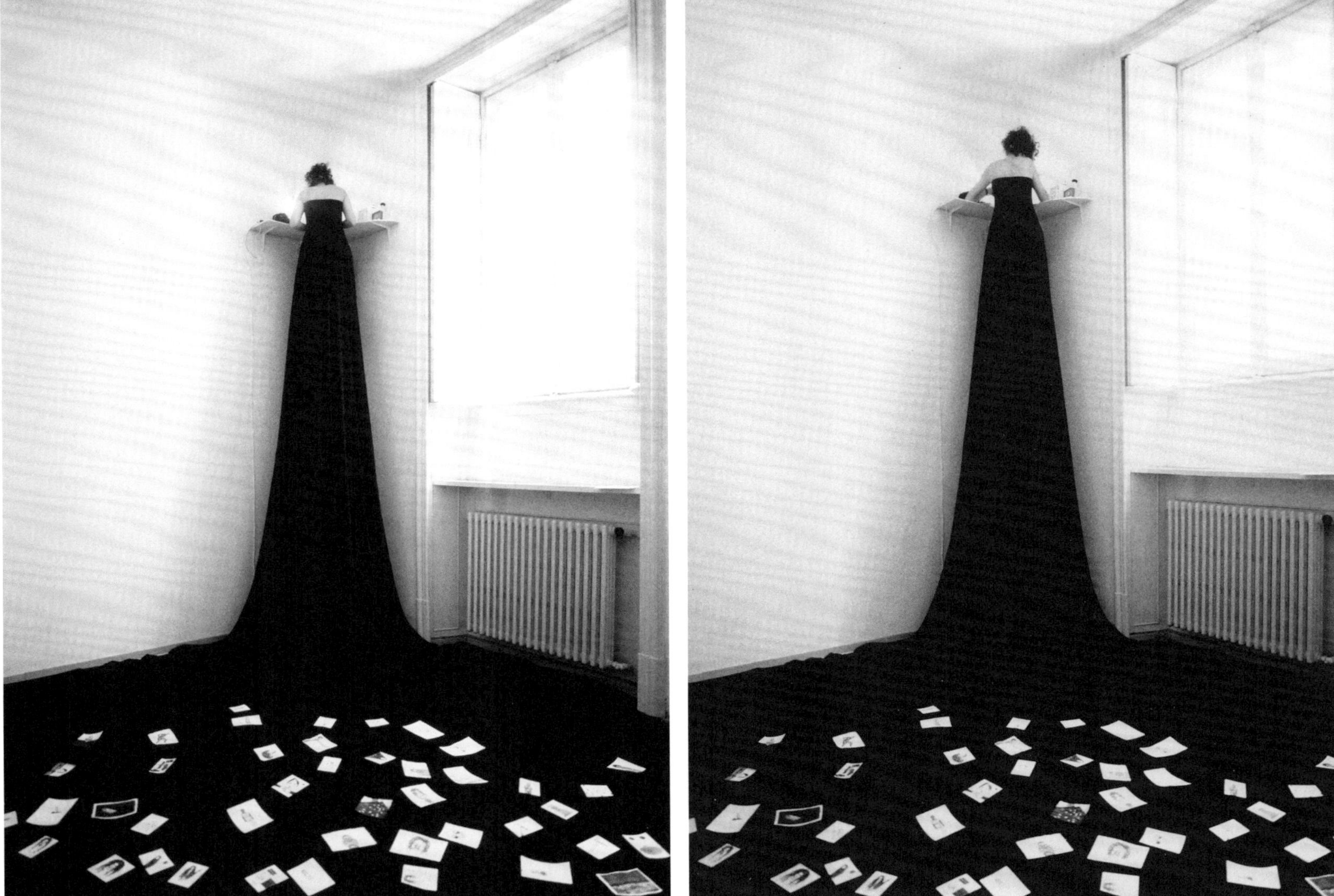

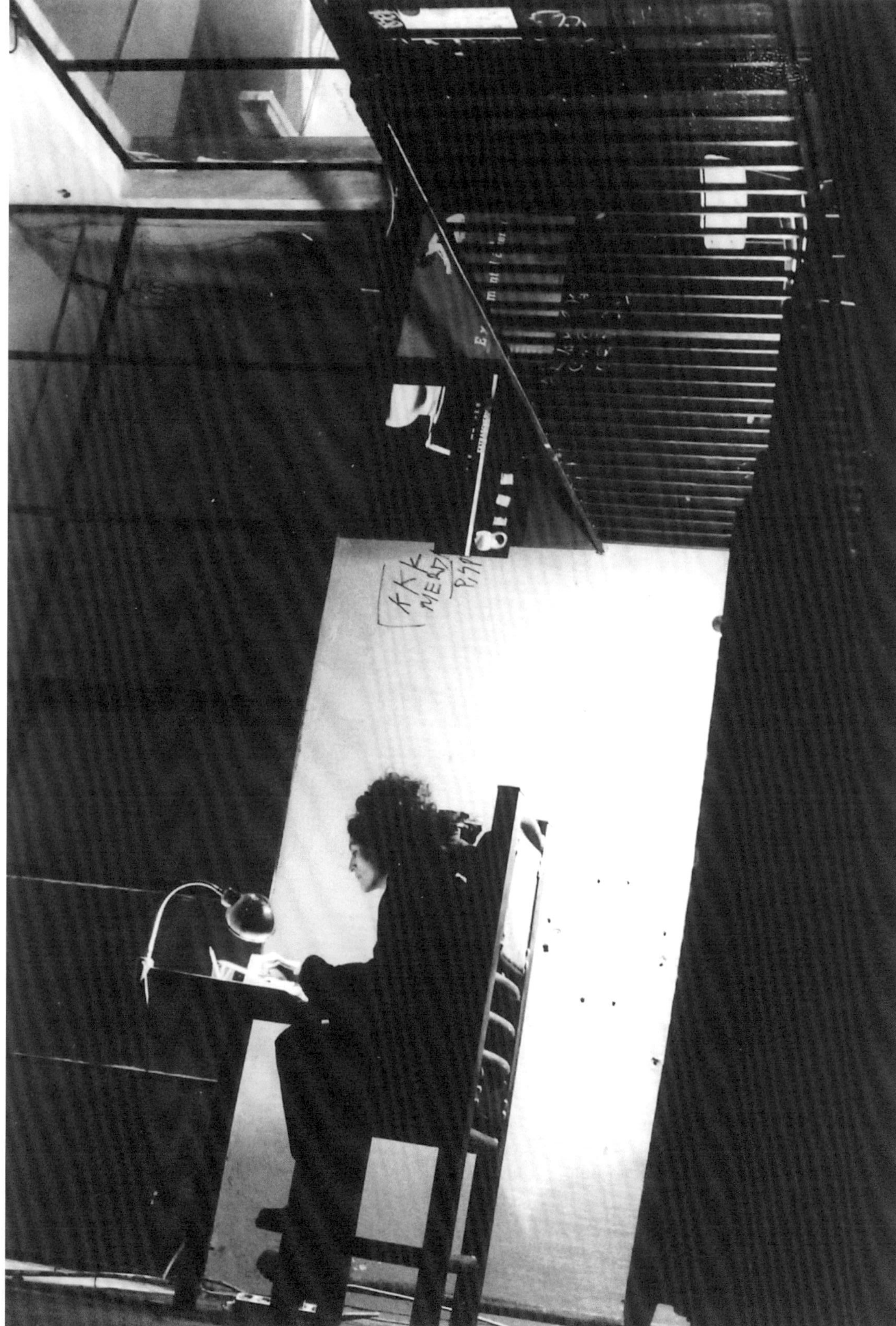

KKK
MERD
P.SP

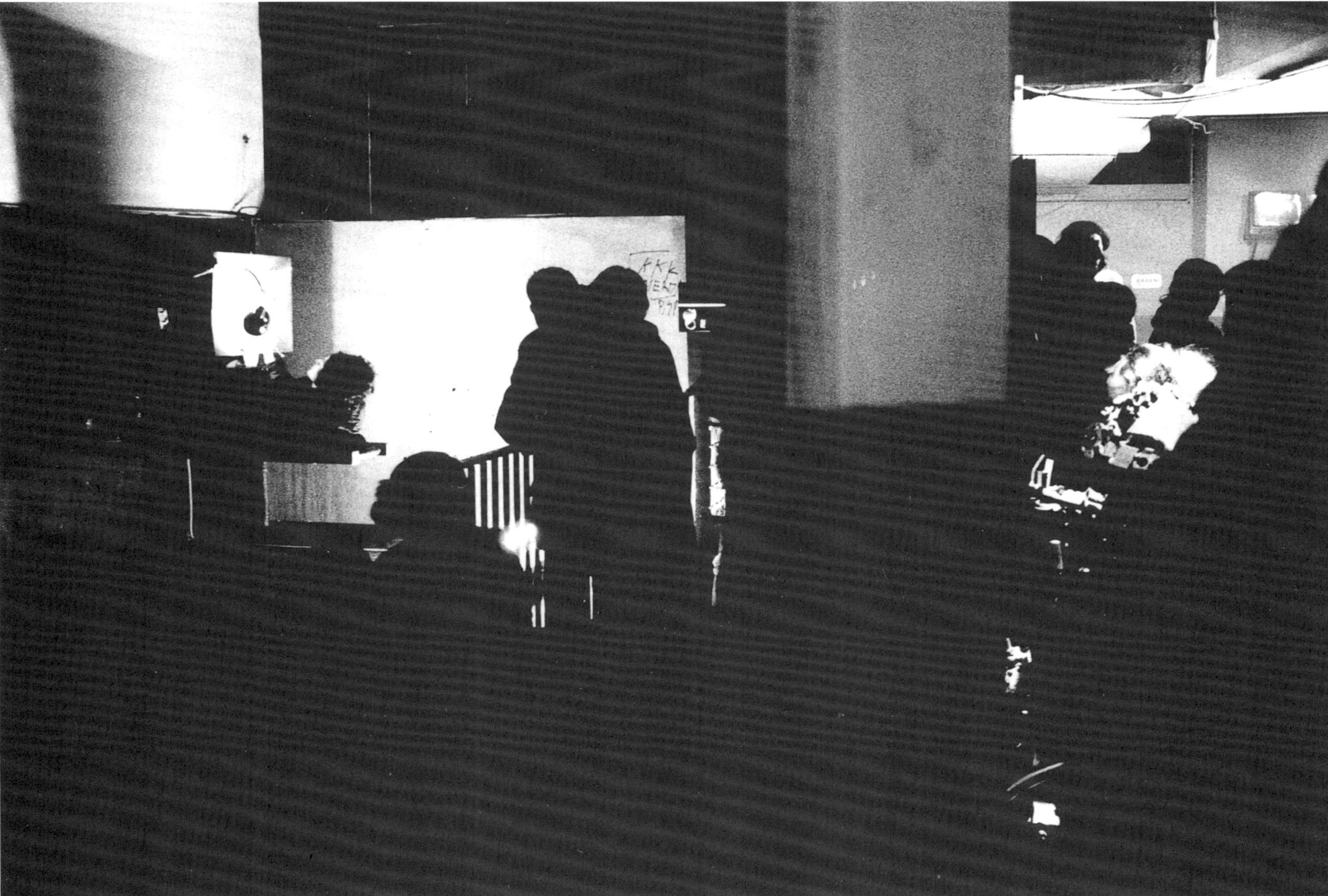

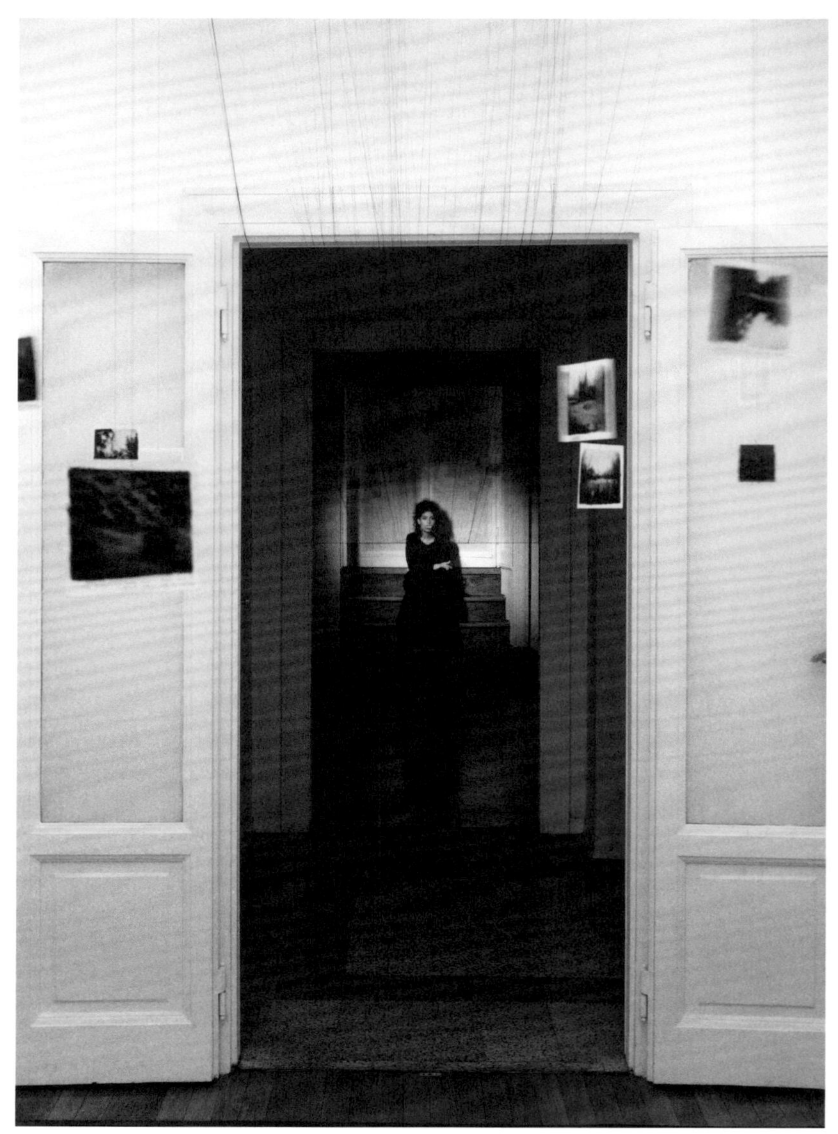

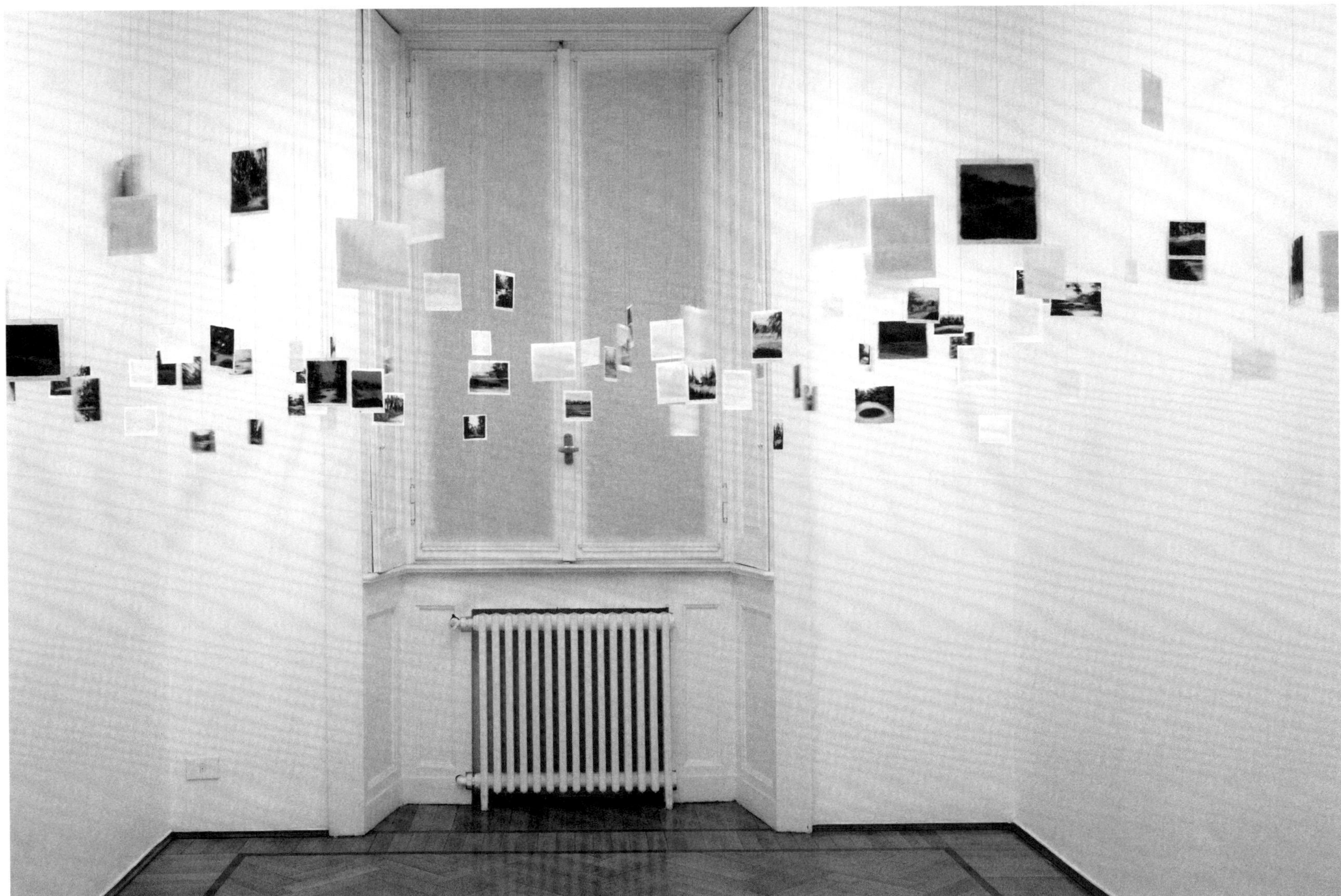

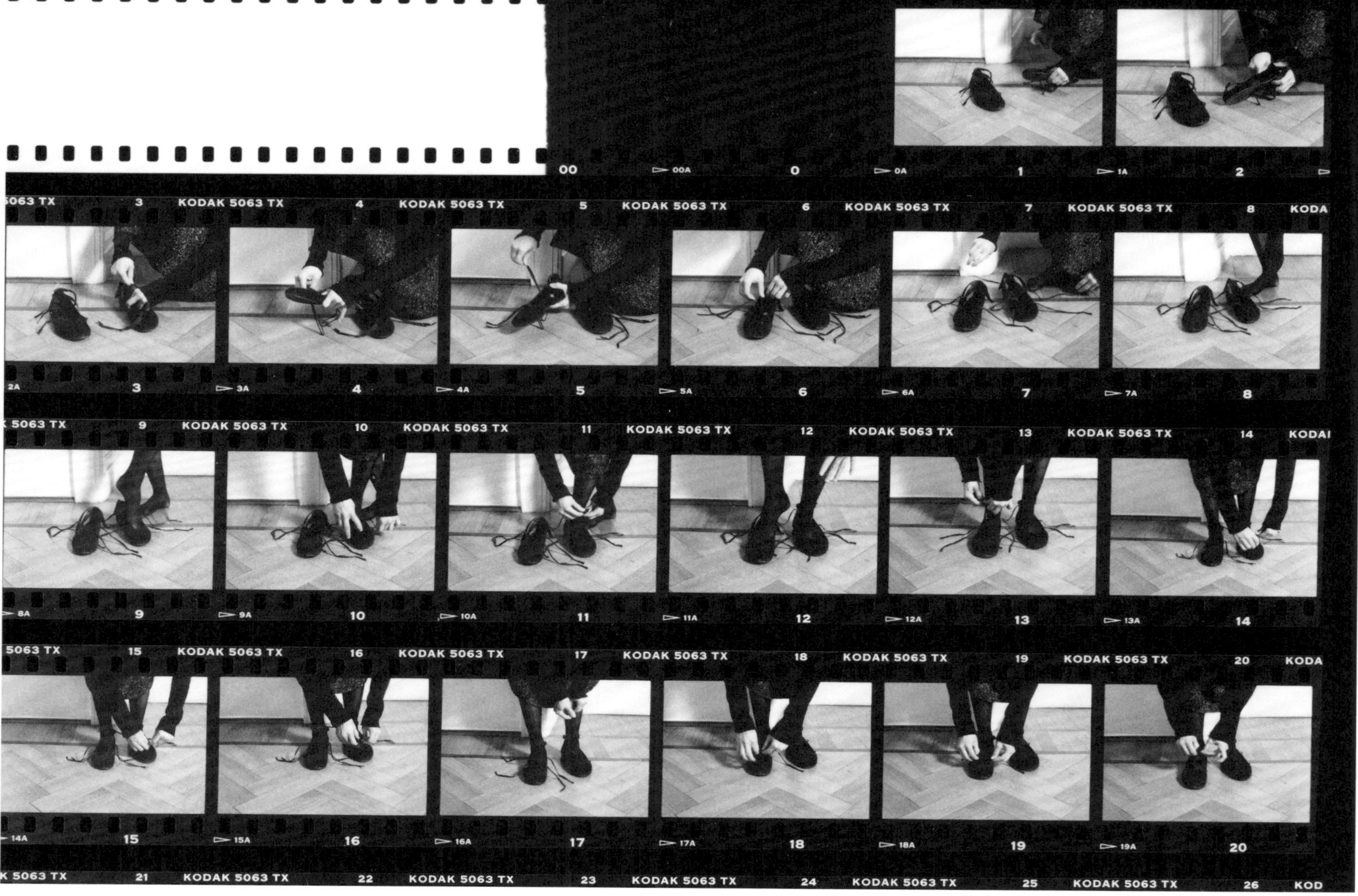

138

139

140

141

142

*Parete Pavimento, 2000*

*Parete Pavimento, 2000*

*Calmo Fiume Nero, 1994*

*Calmo Fiume Nero, 1994*

*La terra fredda, 1996*

# CENTRO PECCI PRATO

*Presidente / Chairman*
**Lorenzo Bini Smaghi**

*Direttore generale / General Director*
**Stefano Collicelli Cagol**

*Consiglio di amministrazione / Board of Directors*
**Gherardo Biagioni, Silvia Cangioli, Vittoria Ciolini, Monica Norcini, Alessio Marco Ranaldo, Giuseppina Tinella**

*Revisore dei conti / Auditor*
**Fabrizio Zaccagnini**

*Segretario generale / Secretary*
**Emanuele Lepri**

## COLLEZIONI E MOSTRE / COLLECTIONS AND EXHIBITIONS

*Responsabile collezioni e archivi, coordinamento attività regionali / Head of Collections and Archives, Regional Activities Coordinator*
**Stefano Pezzato**

*Curatrice, coordinatrice mostre e eventi / Curator, Exhibitions and Events Coordinator*
**Elena Magini**

*Assistente Curatore / Assistant Curator*
**Paolo Gabriotti**

*Curatore Centro Pecci Books / Centro Pecci Books Curator*
**Giacomo Forte**

*Curatore cinema / Cinema Curator*
**Luca Barni**

*Registrar*
**Camilla Mozzato**

*Coordinatore allestimenti e gestione collezioni, archivio fotografico / Installation, Collections and Photo Archives Coordinator*
**Raffaele Di Vaia**

## DIPARTIMENTO EDUCATIVO / EDUCATIONAL DEPARTMENT

*Coordinatrice / Coordinator*
**Irene Innocente**

*Organizzazione attività / Activities Organization*
**Simona Bilenchi**

*Educatrice museale / Museum Educator*
**Eugenia Calamati**

## FUNDRAISING E SVILUPPO / FUNDRAISING AND DEVELOPMENT

*Coordinatrice fundraising e sviluppo / Fundraising and Development Coordinator*
**Michela Gaito**

*Membership ed eventi / Membership and Events*
**Gaia Bartolini**

## COMUNICAZIONE E RELAZIONI ESTERNE / COMMUNICATION AND PR

*Coordinatore attività comunicazione / Communication Activities Coordinator*
**Ivan Aiazzi**

*Comunicazione digitale / Digital Communication*
**Arianna Cialoni**

## SEGRETERIA / SECRETARIAT

*Segreteria / Secretariat*
**Donatella Sermattei**

*Segreteria / Secretariat*
**Lucia Zanardi**

*Centralino / Telephone Operator*
**Gionata Cati**

*Supporto organizzativo / Office aide*
**Sergio Sensi**

## UFFICIO AMMINISTRAZIONE E BILANCIO / ADMINISTRATION AND BUDGETING

*Coordinatrice / Coordinator*
**Ornella Masi**

*Amministrazione / Administration*
**Pamela Masi**

*Amministrazione / Administration*
**Silvia Oltremari**

## UFFICIO TECNICO / MAINTEINANCE OFFICE

*Coordinatore / Coordinator*
**Antonio Bindi**

*Tecnico / Technician*
**Jacopo Prete**

## SERVIZI AL PUBBLICO / PUBLIC SERVICES

*Coordinamento / Coordination*
**Cesarina Cheli, Monica Cheli**

*CID/Arti Visive, guardiania, bookshop / CID/Visual Arts and Bookshop, operation managers*
**CoopCulture**

*Archivista /Archivist*
**Monica Gallai**

*Visite e attività educative / Guided Tours and Educational Activities*
**EDA Servizi**

*Bibliotecaria / Librarian*
**Viola Casaglieri**

*Progetto grafico / Graphic Design*
**Studio Mut**

## REGIONE TOSCANA

*Presidente / President*
**Eugenio Giani**

*Direttrice della Direzione Beni, Istituzioni, Attività Culturali e Sport / Director of the Directorate for Heritage, Institutions, Cultural Activities and Sports*
**Elena Pianea**

**COMUNE DI PRATO**

*Sindaca / Major*
**Ilaria Bugetti**

*Dirigente Servizio Cultura / Director of the Culture Department*
**Paola Pinzani**

**ASSOCIAZIONE CENTRO PER L'ARTE CONTEMPORANEA LUIGI PECCI**

*Presidente / President*
**Attilio Maltinti**

*Vicepresidente / Vice President*
**Caterina Gori**

*Consiglio direttivo / Executive Council*
**Marcella Cangioli, Elisabetta Cioni, Manfredi De Bernard, Anna Maria Schinco**

**RINGRAZIAMENTI**

**Grazie alle imprese e ai privati che sostengono le attività del Centro Pecci / Thanks to the companies and individuals who support the Centro Pecci activities**


*Fondato da / Founded by*

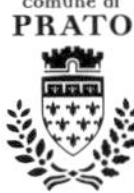


*Corporate Sponsor*

*Corporate Members*

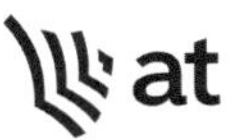


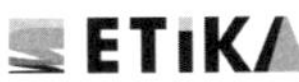


*Partner*

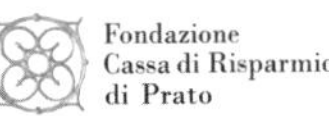


*Sponsor Tecnico / Technical Sponsor*

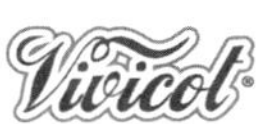


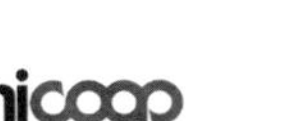


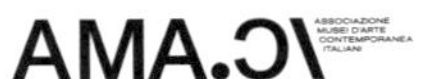


*Museo Associato a / Associated Museum to*

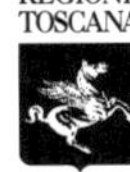




*Sostenuto da / Supported by*



*Member Innovators*

GUCCI

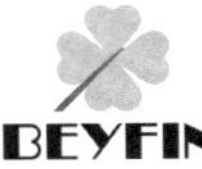


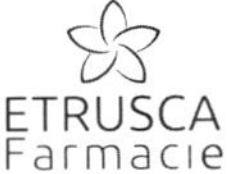



**DONOR**

Ego
Filati Naturali
Fresco Parkinson Institute Italia
Lanificio Cangioli
Neri Torrigiani
Pecci Filati
Pontoglio
Publiacqua
Tessilfibre

**MEMBER**

Massimo Adario
Raoul Bajaj
Francesca Bignami
Dimitri Borri
Maria Sole Bocini
Morgan Fiumi
Allegra Giudici
Mario Ingrassia
Annalisa Nardini
Stefano Pitigliani
Francesco Ricceri
Ilaria Taddeucci Sassolini
Alia
Cobra
Co.edil
Baroncelli Giulia
Bellandi

*Margherita Manzelli. Le Signorine*
Centro per l'arte contemporanea Luigi Pecci, Prato
14.12.2024 – 11.05.2025

*Curatore / Curator*
Stefano Collicelli Cagol

*Assistente curatore / Assistant curator*
Paolo Gabriotti

*Registrar*
Chiara Bertola

*Condition report*
Rachel Morellet

*Allestimento / Installation*
Apice

*Ufficio stampa / Press Office*
PCM Studio – Paola Manfredi

*Ufficio stampa internazionale /
International Press Office*
Sam Talbot

*Courtesy l'artista / the artist e / and*
greengrassi, London

*Ringraziamenti speciali per il support alla
mostra / Special acknowledgments for their
support to the exhibition*
greengrassi, London

*Si ringrazia per la collaborazione
/ Special thanks for the collaboration*
Federico Espositi e/and team

*Partner*

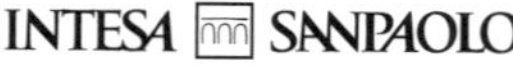

*Sostenuto da / Supported by*

Valeria Napoleone 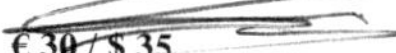

Questo catalogo è stato pubblicato in occasione della mostra /
This catalogue has been published on the occasion of the
exhibition:

*Margherita Manzelli. Le Signorine*
Centro per l'arte contemporanea Luigi Pecci, Prato
14.12.2024 – 11.05.2025

*A cura di / Edited by*
Stefano Collicelli Cagol

*Publishing Editor*
Micola Clara Brambilla, Mousse

*Graphic Design*
Francesco Valtolina, Mousse

*Editorial Coordinator*
Emma Passarella, Mousse

*Graphic Design Support*
Nicola Narbone

*Testi di / Texts by*
Giorgina Bertolino
Stefano Collicelli Cagol
Virginia Magnaghi
Giulia Zompa

*Traduzioni / Translations*
Johanna Bishop

*Copyediting*
Emma Passarella, Mousse

© 2025 Mousse Publishing, Centro per l'arte contemporanea
Luigi Pecci, Prato
© 2025 Margherita Manzelli per tutte le opere / for all the works
© 2025 Gli autori per i loro testi / The authors for their texts

*Stampato da / Printed by*
Grafiche Antiga

*Prima edizione / First edition*
2025

ISBN 978-88-6749-690-7

€ 30 / $ 35

*Pubblicato e distribuito da / Published and distributed by*
Mousse Publishing – Contrappunto s.r.l.
moussemagazine.it
via Pier Candido Decembrio, 28
20137, Milan–Italy

*Copertina / Cover*
Margherita Manzelli, *Senza fine*, 2023 (dettaglio / detail)

*Crediti fotografici / Photo credits*
p. 55, 58, 60, 71, 72, 81, 82, 87, 92, 97, 103, 104, 106, 107, 110,
113, 114, 119, 123, 125: Alessandro Saletta e Agnese Bedini – DSL
Studio; p. 57, 85, 99: Marcus J. Leith; p. 63, 64, 65, 66: Melissa
Castro Duarte, p. 73, 74, 77, 89, 118: Paolo Romano; p. 91:
GRAYSC; p. 94: Ivo Faber; p. 95, 115, 116, 142: Roberto Marossi;
p. 134, 135, 137: Narvalo Fineart / Paolo Romano; p. 138, 139:
Patrizia Piccino; p. 140, 141: Narvalo Fineart.

*Mercedes* (robot-poeta dall'azione / robot-poet from the action:
*Sistemi di Credenza – Mercedes*, azione continua con robot, poesie,
dipinti e persone, dicembre 2024 – maggio 2025 / Continuous
action with robots, poems, paintings, and people, December 2024
– May 2025). Progettazione e realizzazione / Design and produc-
tion: Federico Espositi con il supporto di / with the support of
Alessandro Pozzoni, Davide Maria Cardillo, Andrea Bertogalli.

*Ringraziamenti / Acknowledgments*
Si ringrazia per il supporto / Thanks for the support: Cornelia
Grassi, Valeria Napoleone, Maria Grazia Mazzoni, Valentina
Manzelli, Antonella Brocchi, Nicola Samorì, Hilary Yip, Lisa
Bezzi, Lucilla Danesi, Caridad Lora Sangran Longanesi Cattani
e / and Palazzo Longanesi Cattani.

Tutti i diritti sono riservati. Nessun contenuto di questo libro
può essere riprodotto o adattato in alcuna forma e con qualsiasi
mezzo, previa autorizzazione scritta degli editori.
L'editore ringrazia sentitamente tutti coloro che hanno concesso
le fotografie e i diritti di riproduzione su testi e immagini,
e resta a disposizione di tutti i proprietari di diritti sulle immagini
nel caso non si fosse riusciti a reperirli per chiedere debita autorizzazione.

All rights reserved. No part of this publication may be reproduced
in any form or by any electronic means without prior written
permission from the copyright holders.
The publisher would like to thank all those who have kindly given
their permission for the reproduction of material for this book.
Every effort has been made to obtain permission to reproduce
the images and texts in this catalogue. However, as is standard
editorial policy, the publisher is at the disposal of copyright
holders and undertakes to correct any omissions or errors in
future editions.